Über dieses Buch

Nur in der Atmosphäre eines totalitären Regimes konnten die meisten dieser Satiren entstehen, aber sie stellen weit mehr dar als mutige Zeugnisse geistiger Unabhängigkeit. »Sie sind ein befreiendes Antigift gegen jeden Konformismus, gegen jede Denkfaulheit, in Polen so gut wie überall« (›Du-Atlantis‹). Die totalitäre Ordnung trägt bei Mrożek keine dämonischen Züge, sie ist einfach unvernünftig und deshalb bis zur Lächerlichkeit absurd. So lebt bei einer gutbürgerlichen Familie ein vormals rabiater Fortschrittler als Ersatzkanarienvogel, stickt und singt gelegentlich zur Erheiterung der Gäste »Auf die Barrikaden, du Arbeitsvolk ...«, und abends wird der Käfig sorgfältig zugedeckt. Oder: ein junger Bauer, der sich in einer Versammlung über fehlende Nägel und Dachplatten beklagt, wird von den begeisterten Funktionären als leibhaftiger »echter« Kleinbauer mit einer Standardrede durch die Lande geschickt, und als er nach langer Zeit – ein zweiter Peer Gynt – endlich heimkehrt, findet er zur Begrüßung des treuen Eheweibes nur die gewohnten Worte: »Wir Kleinbauern ...«. Die bittere Ironie des Titelstücks ›Striptease‹ hingegen trifft mitten in die Problematik jeder Gesellschaftsform: zwei Männer werden, während sie noch heftig über die Freiheit ihres Handelns diskutierten, von einer unbekannten Macht gezwungen, sich völlig auszuziehen – zum Schluß bedanken sie sich überschwenglich dafür. Auch in dem Stück ›Auf hoher See‹ wird durch einen glänzenden, scharf pointierten Dialog dem Opfer die Illusion suggeriert, sich in wahrer Freiheit unterworfen zu haben.

Sławomir Mrożek:
Striptease
Satiren

Deutscher
Taschenbuch
Verlag

dtv

1. Auflage Dezember 1965
2. Auflage Februar 1967: 21. bis 30. Tausend
Deutscher Taschenbuch Verlag GmbH & Co. KG,
München
Lizenzausgabe des Karl H. Henssel Verlages · Berlin
Auswahl aus: ›Der Elefant‹, ›Hochzeit in Atomweiler‹,
und ›Stücke I.‹
Deutsch von Ludwig Zimmerer
Umschlaggestaltung: Celestino Piatti
Gesamtherstellung: C. H. Beck'sche Buchdruckerei,
Nördlingen
Printed in Germany

Inhalt

Auf hoher See

Personen:

Der dicke Schiffbrüchige
Der mittlere Schiffbrüchige
Der schmächtige Schiffbrüchige
Ein Briefträger
Ein Lakai

Die Handlung vollzieht sich in einem Akt bei gleichbleibender Dekoration. Die Bühne stellt ein Floß auf hoher See dar. Die drei Schiffbrüchigen tragen elegante schwarze Anzüge, weiße Hemden, korrekt gebundene Krawatten. Aus den Brusttaschen ihrer Jacken schauen die Ecken weißer Tüchlein. Die Schiffbrüchigen sitzen auf drei Stühlen. Außerdem befindet sich auf dem Floß ein großer Koffer.

Der Dicke: Ich habe Hunger.
Der Mittlere: Ich würde gern etwas essen.
Der Schmächtige: Sind die Vorräte zu Ende?
Der Dicke: Die Vorräte sind völlig erschöpft. Es ist nicht das geringste übriggeblieben.
Der Schmächtige: Ich dachte, ein bißchen Kalbfleisch mit Erbsen müßte noch da sein.
Der Dicke: Nichts ist übriggeblieben.
Der Mittlere: Essen!
Der Schmächtige: Ich könnte auch etwas vertragen.
Der Dicke: Etwas? Seien Sie doch realistisch, meine Herren, sagen Sie lieber . . .
Der Mittlere: Mir ist schon alles gleich.
Der Schmächtige: Sie haben doch selbst gesagt, daß die Vorräte erschöpft sind. Was meinten Sie also?
Der Dicke: Wir müssen essen, aber nicht etwas, sondern jemanden.
Der Mittlere *schaut nach rechts, nach links und hinter sich*: Ich sehe keinen.
Der Schmächtige: Ich sehe auch niemanden, abgesehen von... *Bricht plötzlich ab. Pause.*
Der Dicke: Wir müssen einen von uns essen.
Der Mittlere: Essen wir doch einen.
Der Schmächtige *eilig zustimmend*: Ja, ja, essen wir einen auf.
Der Dicke: Meine Herren, wir sind doch schließlich keine

Kinder. Ich mache Sie darauf aufmerksam, daß wir nicht alle gleichzeitig rufen können: »Essen wir doch!« In dieser Lage muß einer von uns sagen: »Bitte sehr, meine Herren, bedienen Sie sich.«

DER MITTLERE: Wer?

DER SCHMÄCHTIGE: Wer?

DER DICKE: Eben das wollte ich Sie fragen. *Betretenes Schweigen* Ich appelliere an Ihren Kameradschaftsgeist, an Ihre gute Erziehung.

DER MITTLERE *zeigt plötzlich in die Luft, als ob ihn dort etwas sehr interessierte*: Da fliegt eine Möwe, eine Möwe!

DER SCHMÄCHTIGE: Vielleicht ist das nicht fein, was ich jetzt sage, aber ich muß gestehen, daß ich schrecklich egoistisch bin. Schon in der Volksschule habe ich mein Vesperbrot immer allein aufgegessen.

DER DICKE: Das ist gar nicht schön ... Aber wenn nichts anderes übrigbleibt, müssen wir losen.

DER MITTLERE: Ausgezeichnet!

DER SCHMÄCHTIGE: Das ist die beste Lösung.

DER DICKE: Die Auslosung vollzieht sich nach folgendem System. Einer der Herren nennt irgendeine Zahl. Dann nennt der zweite eine andere Zahl. Am Schluß nenne ich auch eine Zahl. Wenn dann die Summe der drei Zahlen ungerade ist, fällt das Los auf mich, und das heißt, ich werde gegessen. Sollte die Summe jedoch eine gerade Zahl sein, wird einer von Ihnen gegessen.

DER MITTLERE: Nein, ich bin eigentlich ein Gegner von Glücksspielen.

DER SCHMÄCHTIGE: Und wenn Sie sich vertun, was dann?

DER DICKE: Sie haben kein Vertrauen zu mir. Schade!

DER MITTLERE: Suchen wir besser einen anderen Ausweg, wir sind schließlich zivilisierte Menschen. Das Los ist ein Überbleibsel finsterer Zeiten.

DER SCHMÄCHTIGE: Ein vulgärer Aberglaube.

DER DICKE: Gut, führen wir also freie und allgemeine Wahlen durch!

DER MITTLERE: Keine schlechte Idee! *Zum Dicken* Wenn es Ihnen recht ist, bilden wir beide eine Wählergemeinschaft, einen Block. Das vereinfacht die ganze Sache.

DER SCHMÄCHTIGE: Der Parlamentarismus hat sich überlebt.

DER DICKE: Aber es bleibt kein anderer Weg. Oder wollen Sie eine Diktatur? Ich würde mich bereit erklären, die Macht zu ergreifen.

DER SCHMÄCHTIGE: Nein, nein! Nieder mit der Tyrannei!
DER DICKE: Also, freie Wahlen!
DER MITTLERE: Geheime!
DER SCHMÄCHTIGE: Aber ohne Wahlbündnisse! Jeder stellt sich selbständig als Gegenkandidaten auf.
DER DICKE *steht auf und nimmt aus dem Koffer einen Zylinder*: Hier ist ein Hut. Die Karten mit dem Namen des Kandidaten kommen hier hinein.
DER SCHMÄCHTIGE: Ich habe nichts zum Schreiben.
DER MITTLERE: Wir helfen Ihnen gerne aus.
DER DICKE *einen Füllfederhalter aus der Tasche ziehend*: Bitte sehr!
DER MITTLERE *sich die Hände reibend*: Zur Urne! Zur Urne!
DER SCHMÄCHTIGE: Einen Augenblick! Wenn wir schon als moderne Menschen eine Wahl veranstalten, dann können wir die vorausgehende Etappe des Wahlkampfes nicht überspringen. Sie kommt in der ganzen zivilisierten Welt vor dem eigentlichen Wahlakt.
DER DICKE: Wenn Sie unbedingt wollen!
DER MITTLERE: Agitieren wir also, aber machen wir schnell!
DER DICKE *steht auf, stellt seinen Stuhl in die Mitte des Floßes*: Die Versammlung ist eröffnet! Wer tritt als erster ans Rednerpult?
DER MITTLERE *zum Schmächtigen*: Vielleicht Sie?
DER SCHMÄCHTIGE: Ich möchte lieber anschließend . . . Ich war nie ein guter Redner.
DER DICKE: Aber Sie sind der Urheber des Projekts.
DER MITTLERE: Ja, Sie haben den Massen dieses Versammlungen-Abhalten, diese Politikasterei eingeredet. Nun müssen Sie auch den Anfang machen.
DER SCHMÄCHTIGE: Wenn Sie unbedingt wollen . . . *Stellt sich auf den als Rednerpult dienenden Stuhl. Die beiden anderen Schiffbrüchigen nehmen vor ihm Aufstellung. Der Dicke zieht ein mit zwei Stäben versehenes Transparent aus der Tasche und reicht ein Ende dem Mittleren. Sie entfalten das Transparent über ihren Köpfen. Die Aufschrift lautet: »Wir wollen essen.«* Hm . . . meine Herren!
DER MITTLERE *ihn unterbrechend*: Wir sind einfache Menschen. Wir wollen keine Schmeicheleien hören . . .
DER DICKE: Sehr richtig! Nieder mit den zuckersüßen Worten! Wir wollen die nackte Wahrheit hören . . .
DER SCHMÄCHTIGE: Kollegen, wir haben uns hier versammelt...
DER MITTLERE: Zur Sache!
DER DICKE: Wir müssen an die Arbeit.
DER SCHMÄCHTIGE: Wir haben uns hier versammelt, um das

brennende Problem der Lebensmittelversorgung einer Lösung entgegenzuführen. Kollegen, ich sollte dabei als Kandidat nicht in Erwägung gezogen werden. Ich habe Frau und Kinder. Mehr als einmal saß ich bei Sonnenuntergang im Garten und schaukelte meine Kinder, während meine Frau neben mir saß und häkelte, solange das Licht reichte. Meine Herren Kollegen, rufen Sie sich dieses milde, friedliche Bild vor Augen und fragen Sie sich, ob es nicht Ihr Herz bewegt.

DER MITTLERE: Das sind keine Argumente. Wenn es ums Gemeinwohl geht, müssen die Gefühle schweigen. Schaukeln können die Kinder auch alleine.

DER DICKE: Und sogar besser!

DER MITTLERE: Sehr richtig! In den Kindergarten mit ihnen! Da gibt's Karussells und Schaukeln genug. Nein, Kinder ... das sind keine Argumente.

DER SCHMÄCHTIGE: Aber Kollegen! Als ich noch ein Knäblein war, reiften in mir hehre Pläne. Zugegeben, ich habe später nicht genug an mir gearbeitet, hab' nicht erreicht, was ich erträumt'. Aber ich fühle es: noch ist's nicht zu spät. Noch läßt sich manches gutmachen. So gelobe ich denn, daß ich mich nicht mehr gehenlasse und nicht erlahme im Streben nach meinem Ziel. Gar manches Mal bin ich gestrauchelt, das stimmt. Am Glauben an mich selbst hat's mir gefehlt; Trägheit und tatenlose Resignation kamen noch dazu. Aber ich kann noch alles nachholen. Ich schwöre es, jetzt wird nachgeholt! Ich werde meinen Willen trainieren, meinen Charakter stählen, mir Wissen aneignen, bis daß ich all das erreiche, was ich noch vor mir habe. Ich bringe es noch zu etwas!

DER MITTLERE: Lauter!

DER SCHMÄCHTIGE: Ich bringe es noch zu etwas!

DER DICKE: Das ist Subjektivismus!

DER MITTLERE: Wir wollen essen!

DER DICKE: Wenn's gefällig ist, jetzt zusammen! Drei, vier!

DER DICKE UND DER MITTLERE *im Chor*: Wir wol-len es-sen! Wir wol-len es-sen!

DER SCHMÄCHTIGE *dem Zusammenbruch nahe, beinahe unter Tränen*: Aber ich muß Ihnen trotzdem davon abraten, mit aller Entschiedenheit. *Steigt vom Rednerpodium.*

DER MITTLERE *übergibt ihm das Transparent und geht selbst ans Rednerpult*: Tischgenossen! *Der Dicke klatscht Beifall, der Schmächtige schließt sich zögernd an, schnieft* Ich bin kein Intellektueller und hab's nicht gern, viel Worte zu machen. Aber wenn's gilt, Hand anzulegen, bin ich dabei. Seit frühester Jugend schon interessiert mich die kulinarische Kunst. Dabei geht's mir nicht ums Essen. Ich bin ein bescheidener Mensch, Ansprüche habe ich kaum, und, wenn ich ehrlich sein darf, das Essen macht mir kein Vergnügen. Dabei bin ich nicht heikel, und, was das Wichtigste ist, ich esse sehr wenig, ganz minimal. Aber was sage ich da! Im Grunde esse ich überhaupt nicht. Vor ein paar Jahren habe ich noch jeden zweiten oder dritten Tag einen oder höchstens zwei Bissen zu mir genommen. Aber dann habe ich's ganz aufgegeben, mit dem Essen überhaupt Schluß gemacht. Dagegen ist das Zubereiten lekkerer Speisen mein Steckenpferd geworden. Für den guten Koch gibt es nichts Schöneres, als wenn er nach getaner harter Arbeit zusehen darf, wie die anderen essen, wie es ihnen schmeckt. Nur diesen Lohn wünsche ich mir. Hinzufügen möchte ich noch, daß meine Spezialität Fleischspeisen sind. Meine Saucen finden nirgendwo ihresgleichen. Mehr wollte ich nicht sagen.

DER DICKE: Bravo! *Klatscht Beifall. Der Schmächtige macht einen apathischen Eindruck und reagiert gar nicht. Der Mittlere steigt vom Stuhl und tritt an den Platz des Dicken. Dieser tritt ans Rednerpult.*

DER MITTLERE: Hurra! *Bricht ab, als der Dicke die Hand in die Hüfte stemmt und um sich blickt, als umgäbe ihn eine große Menschenmenge.*

DER DICKE *erhebt seine Hand zum Gruß*: Hungernde, seid gegrüßt!

DER MITTLERE: Hurra! Er lebe hoch! Siegheil!

DER DICKE *bringt ihn mit einer Handbewegung zum Schweigen*: Ich werde mich kurz fassen, wie es sich für einen Soldaten gehört. Erstens möchte ich euch nicht beeinflussen. Ihr selbst habt zu entscheiden. Ich bin euer Diener, und euer Wille ist mir heilig. Ich esse, was man mir vorsetzt. Zweitens: Reden wir nicht um den Brei herum, ich bin unverdaulich. Zeitlebens war ich zäh und knochig. Zudem habe ich zwei Rippen aus Eisen, habe bei einer Operation eine Niere verloren und muß darauf aufmerksam machen, daß bei mir ein Bein kürzer ist als das andere. Am Rande möchte ich noch erwähnen, daß ich möglicherweise Trichinen habe. Drittens: Demagogie liegt mir nicht. Ich bin für Klarheit. Wenn ich nicht gewählt werde, trete ich meinem Genossen freiwillig Schinken und Lendenstücke ab. Ich kann mich überhaupt mit der Zunge zufriedengeben. Aber wer es darauf abgesehen haben sollte, dem erkläre ich kurz und bündig: Auf die Zunge wird nicht verzichtet.

DER MITTLERE: Bravo, bravo! Führer befiehl!

DER DICKE: Das wäre alles. Ich liebe kein Geschwätz und habe nichts übrig für Philosophen und Weichlinge. Und nun: Vorwärts!

DER MITTLERE: Hurra! Bravo, bravo! Er lebe hoch, hoch, hoch! *Der Dicke steigt vom Rednerpodium; die beiden anderen rollen das Transparent zusammen.*

DER DICKE *zum Schmächtigen*: Sind Sie jetzt zufrieden?

DER SCHMÄCHTIGE: Sie haben sich selbst übertroffen. Nur ... wissen Sie ... ich kann eigentlich keine Lendenstücke essen ... bekommt mir einfach nicht ... Wenn's Ihnen nichts ausmacht, wäre ich gern bereit ...

DER MITTLERE *steht vor dem Dicken stramm*: Gestatten, daß ich gratuliere! Die Rede hat mich zutiefst erschüttert. Was die Zunge betrifft, bin ich ganz auf Ihrer Seite.

DER DICKE: So, den Wahlkampf hätten wir hinter uns. Jetzt stimmen wir ab! *Legt den Zylinder in die Mitte des Floßes. Sie gehen nach drei Seiten auseinander und schreiben, sich gegenseitig den Rücken zugewandt, auf ihre Kärtchen. Der Dicke und der Mittlere sehen sich nach dem Schmächtigen um. Der Dicke tritt an ihn heran und versucht, ihm über die Schulter zu schauen. Der Schmächtige merkt es rechtzeitig und verdeckt das Papier mit der Hand. Dann gibt er dem Dicken die Füllfeder zurück.*

DER SCHMÄCHTIGE: Meinen verbindlichen Dank!

DER DICKE: Gern geschehen! Sollten Sie noch etwas verbessern wollen, stehe ich zur Verfügung. *Der Dicke geht zu einer anderen Ecke des Floßes. Jetzt schreiben er und der Mittlere. Der Schmächtige steht immer noch mit dem Rücken zu ihnen und blickt aufs Meer hinaus. Dann drehen sich alle drei gleichzeitig um, treten zur Mitte des Floßes und werfen ihre Kärtchen in den Zylinder* So, nun wollen wir die Stimmen auszählen.

DER MITTLERE: Ich bin neugierig. Das Abstimmen macht Appetit.

DER SCHMÄCHTIGE: Sie könnten sich auch etwas taktvoller benehmen. *Der Dicke steckt die Hand in den Zylinder, dann blickt er auf und fixiert lange den Schmächtigen* Was ist denn passiert?

DER MITTLERE: Wie ist das Ergebnis?

DER DICKE: Meine Herren, wir müssen die Wahl für ungültig erklären.

DER MITTLERE: Wieso? Ich habe Hunger.

DER SCHMÄCHTIGE: Sie wollen die freien, demokratischen Wahlen torpedieren?

DER DICKE: Im Zylinder sind vier Kärtchen. Vier! *Der Dicke und der Mittlere starren beide den Schmächtigen an.*

DER SCHMÄCHTIGE: Ich habe es ja gleich gesagt: der Parlamentarismus hat sich überlebt.

DER MITTLERE: Und was machen wir jetzt?

DER DICKE: Eine typische Staatskrise. Vielleicht sollte man einfach einen Kandidaten nominieren.

DER SCHMÄCHTIGE: Aber wer stellt ihn auf?

DER DICKE: Ich will das gerne auf mich nehmen.

DER SCHMÄCHTIGE: Ausgezeichnet! Ich wollte das auch vorschlagen ... Nein, nein, kommt nicht in Frage!

DER MITTLERE: Dumme Sache, mit der Demokratie hat's nicht geklappt, die Diktatur stößt auf Widerstände. Aber irgend etwas müssen wir uns doch ausdenken.

DER DICKE: In solchen Lagen kann nur eine opfer- und einsatzbereite Persönlichkeit die Lage retten. Erinnern wir uns daran, daß es immer Freiwillige waren, die einen Ausweg fanden, wenn die üblichen Verfahrensweisen versagten. *Bereitet sich von neuem darauf vor, eine Rede zu halten* Lieber und verehrter Kollege ...

DER SCHMÄCHTIGE: Nein, nein, ich mache darauf aufmerksam, daß ich nicht zuhöre.

DER MITTLERE: Aufgepaßt!

DER DICKE: Verehrter und werter Herr! Uns allen ist bekannt, daß sich Charaktereigenschaften wie Opferwille, Liebe zum Nächsten und Kameradschaftlichkeit auf die Dauer nicht verheimlichen lassen. Schon vom ersten Augenblick an nahmen wir, das heißt der Kollege hier und ich, wahr, daß in Ihnen etwas steckt, was Sie von uns unterscheidet, und dieses etwas ist eben der angeborene Edelmut, das unwiderstehliche Verlangen, dem Gemeinwohl zu dienen, die Bereitschaft ... Nicht wahr, Herr Kollege?

DER MITTLERE *eifrig*: In meinem ganzen Leben habe ich keinen besseren Menschen gesehen.

DER DICKE: Wir preisen uns glücklich, daß sich das Kollektiv endlich in der Lage sieht, Ihrem innigen Verlangen nach einer Gelegenheit, einer Chance zur Verwirklichung Ihrer verborgenen, reinen Sehnsucht Genüge zu leisten. Ihr heißer Wunsch ist es, in unser Gedächtnis einzugehen als eine geachtete, kameradschaftliche, appetitliche Persönlichkeit ...

DER SCHMÄCHTIGE: Ich will nicht.

DER MITTLERE: Was, Sie wollen kein Freiwilliger werden?

DER SCHMÄCHTIGE: Nein!

DER DICKE: Sie verraten die Gemeinschaft, treten das Vertrauen Ihrer Gefährten mit Füßen, wollen nicht?

DER SCHMÄCHTIGE: Nein!

DER MITTLERE: Abscheulich!

DER DICKE: Sie lehnen unser Angebot endgültig ab?

DER SCHMÄCHTIGE: Kategorisch! Ich fühle mich nicht zur Größe berufen.

DER MITTLERE: Ich zerschneide zwischen Ihnen und mir das Tischtuch. Für einen ehrlichen Menschen, einen Patrioten unseres Floßes, habe ich Sie gehalten, und nun stellt sich heraus, daß Sie ein Halunke sind. Adieu. *Tritt an den Rand des Floßes und dreht dem Schmächtigen den Rücken zu.*

DER DICKE: Sie haben uns enttäuscht. Die Ehre bedeutet Ihnen nichts. Aber vielleicht können Sie uns einen anderen Ausweg vorschlagen? Wir hören gerne zu.

DER SCHMÄCHTIGE *Mut fassend*: Einen Ausweg? Bitte sehr! Von Kind auf habe ich mich nach Gerechtigkeit gesehnt. Gerechtigkeit will ich, nicht mehr!

DER DICKE: Sie setzen mich in Erstaunen.

DER SCHMÄCHTIGE: Warum?

DER DICKE: Welche Gewißheit haben Sie denn, daß sich die Gerechtigkeit nicht gegen Sie wendet, wollte sagen, sich für Sie ausspricht, Sie zum Kandidaten bestimmt?

DER SCHMÄCHTIGE: Aber das ist doch ganz einfach! Von Kind auf war ich unglücklich, alles ging mir daneben, alles hat sich gegen mich verschworen, dementsprechend . . .

DER DICKE: Dementsprechend glauben Sie, die Gerechtigkeit müsse jetzt Ihr bisheriges Unglück ausgleichen?

DER SCHMÄCHTIGE: Ja!

DER DICKE: Es fällt auf, daß es vor allem Querulanten sind, die sich über das Fehlen einer allgemeinen, allumfassenden Gerechtigkeit beklagen. Mit diesem Geschrei nach Gerechtigkeit wollen Sie nur Ihre eigene Untüchtigkeit verheimlichen.

DER SCHMÄCHTIGE: Ich bleibe dabei! Mit allem bin ich einverstanden, unter der Bedingung, daß es gerecht zugeht.

DER DICKE: Das heißt unter der Bedingung, daß nicht Sie aufgegessen werden?

DER SCHMÄCHTIGE: Das ist eine Unterstellung. Ich will Gerechtigkeit, nicht mehr.

DER DICKE: Setzen wir uns, meine Herren. Ein schwieriges Problem, aber es läßt sich lösen.

DER MITTLERE: Mit dem rede ich nicht mehr. *Alle nehmen die gleichen Plätze ein wie am Anfang.*

DER DICKE *zum Mittleren*: Herr Kollege, haben Sie eine Mutter?

DER MITTLERE *zögernd*: Wie soll man das ausdrücken? . . . Und Sie, Herr Chef?

DER DICKE *die Augen gen Himmel erhebend*: Leider war ich beinahe von Anbeginn ein Waisenkind. Meine armen Eltern!

DER MITTLERE *rasch*: Genau das wollte ich auch sagen. Eigentlich habe ich überhaupt keine Eltern gehabt.

DER DICKE *zum Schmächtigen*: Und Sie?

DER SCHMÄCHTIGE: Ich habe ein Mütterlein, das mich jetzt in seiner Einsamkeit beweint. Arme Mama!

DER DICKE: Mir scheint, unter dem Gesichtspunkt der Gerechtigkeit ist die Sache ganz klar. Könnten Sie leichten Herzens Vollwaisen etwas Böses antun? Selbst die Wilden haben das Verwaistsein immer als das schlimmste Unrecht erachtet. Nein, werter Herr! Würde eines von uns Waisenkindern gegessen, so wäre das einfach ein Schlag ins Gesicht der elementarsten Gerechtigkeit. Nicht genug damit, daß wir Waisen sind, sollen wir auch noch aufgegessen werden.

DER SCHMÄCHTIGE *verdutzt*: Aber . . .

DER DICKE: Nein, werter Herr, das ist klar wie der Tag. Sie besitzen ein Mütterlein und hatten es daher immer besser auf der Welt. Glauben Sie nicht auch, daß es jetzt an der Zeit wäre, die moralische Schuld zu begleichen, die Sie den Waisen gegenüber haben? Jenen gegenüber, die niemals mütterliche Fürsorge, die Wärme des häuslichen Herdes und die Annehmlichkeiten des Wohlstands erfahren haben? Und dies umsomehr, als Ihren eigenen Worten zufolge Ihr Mütterlein Sie ohnehin bereits beweint?

DER SCHMÄCHTIGE *verzweifelt nach Argumenten suchend*: Aber vielleicht ist meine Mama auch schon gestorben. In letzter Zeit fühlte sie sich gar nicht wohl. Und ich war schon so lange nicht mehr zu Hause.

DER DICKE: Sie reden wie ein Kind. Welche Beweise haben wir denn dafür? Es fehlt sogar die Spur von einem Beweis.

DER MITTLERE: Eben!

DER SCHMÄCHTIGE: Ich habe doch gesagt, daß sie sich nicht gut fühlte, als ich abfuhr. Man redet neuerdings so viel über Zivilisationskrankheiten . . .

DER DICKE: Der Phantasie des Künstlers, dem Spiel der Vorstellungen ist keine Grenze gesetzt. Ihre Frau Mama erfreut sich bestimmt bester Gesundheit. Gott gebe ihr ein langes Leben! Unsere Eltern aber ... *Zum Mittleren* Erinnern Sie sich noch der langen Herbstabende, als wir im zarten Kindesalter barfuß den Passanten Streichhölzer verkauften?

DER MITTLERE *die Hand vor Augen haltend*: Sprechen Sie nicht davon! Besser ist's, wenn diese Erlebnisse im Schoße der Vergessenheit bleiben.

DER DICKE: Erinnern Sie sich noch an den entfernten Verwandten, den Statthalter, diesen Geizhals, der uns Halbnackten das letzte Stückchen Speck fortnahm, um es den Mäusen als Köder in die Falle zu geben?

DER MITTLERE *stöhnend*: O diese Geister der Vergangenheit!

DER DICKE *hebt ratlos vor dem Schmächtigen die Arme, als ob er sagen wollte: Sie sehen selbst, da läßt sich nichts machen.*

DER SCHMÄCHTIGE: Entschuldigung, mir scheint, ich höre eine Stimme auf dem Meer. *Lauscht.*

DER DICKE: Sie weichen vom Thema ab. Anscheinend erweckt der Menschen Elend kein Gefühl in Ihnen. O diese zum Egoismus erzogenen Muttersöhnchen! *Jetzt ist schwach eine Stimme zu hören.*

DER MITTLERE *anklägerisch*: Er hatte einen Ball, als er klein war.

DER DICKE: Einen Ball und einen Teddybären. *Die Stimme ist jetzt deutlicher zu hören.*

STIMME: Zu Hilfe! S! O! S!

DER SCHMÄCHTIGE: Aber wirklich! Jetzt hört man es doch ganz deutlich.

STIMME: Zu Hiiilfee!

DER DICKE: Tatsächlich, jemand kommt auf uns zugeschwommen ... Immer bläst den Waisenkindern der Wind ins Gesicht.

DER MITTLERE *steht auf und schaut auf das Meer hinaus*: Chef, vielleicht ist das jemand mit Verpflegung. Man sieht, daß er nur mit einem Arm schwimmt und mit dem andern einen Gegenstand festhält. *Der Dicke und der Schmächtige stehen ebenfalls auf. Sie treten zum Mittleren an den Rand des Floßes.*

DER SCHMÄCHTIGE: Das ist gar nicht ausgeschlossen. Wie leicht kann es passieren, daß ein Bauer, der mit seinem Ferkel zum Markt geht, ins Wasser fällt! Mit letzter Kraft sich über Wasser haltend, umklammert er mit einem Arm das Ferkel, sein einzig Hab und Gut.

DER DICKE: Man sieht ihn immer deutlicher.

Der Mittlere: Es ist jemand in Uniform. Solche Leute erhalten ihr Essen im Kasino.

Stimme *ganz nahe*: Zu Hilfe!

Aus dem Meer steigt ein Briefträger in voller Uniform mit Dienstmütze und einer großen, an einem Schulterriemen hängenden Ledertasche. Der Mittlere zieht ihn aufs Floß.

Der Briefträger: Besten Dank!

Der Dicke: Haben Sie nichts zu essen?

Der Briefträger: Rein gar nichts. Ich würde auch ganz gerne vespern. Noch vor dem Frühstück hat's mich weggeschwemmt. *Erblickt den Schmächtigen* Ach das sind Sie! Wie merkwürdig sich das trifft!

Der Dicke *mißtrauisch*: Die Herren kennen sich?

Der Briefträger: Freilich! Seit neun Jahren schon bringe ich diesem Herrn die Post. Ich wußte gar nicht, daß Sie auf See sind. Ein toller Zufall! Ich habe ein Telegramm für Sie.

Der Schmächtige: Ein Telegramm für mich?

Der Briefträger: Ja, gerade wollte ich mit dieser Depesche zu Ihrem Haus am Meer, als mich die Welle erwischt hat. Gott sei Dank, ich bin kein schlechter Schwimmer. *Sucht in seiner Tasche* Da ist sie ja!

Der Schmächtige *tritt beiseite, um das Telegramm zu lesen*: Sie entschuldigen mich einen Augenblick.

Der Dicke *sehr mißtrauisch zum Briefträger*: Ist diese Uniform echt?

Der Briefträger: Echt, nur ein bißchen naß. Wissen Sie, wenn man ins Wasser fällt . . .

Der Schmächtige: Hurra!

Der Dicke: Was ist los?

Der Schmächtige *sich wieder in die Hand bekommend*: Ein schwerer Schicksalsschlag hat mich getroffen. Meine Mutter lebt nicht mehr.

Der Mittlere: Jetzt haben wir's.

Der Schmächtige: Im Zusammenhang damit möchte ich Sie darauf aufmerksam machen, daß ich jetzt auch ein Waisenkind bin. Wir müssen also unsere Beratungen wieder aufnehmen und die Frage, wer von uns gegessen werden soll, noch einmal von vorn durchdenken.

Der Dicke: Ich protestiere. Das ist Schiebung! Bestimmt stekken Sie mit dem Briefträger unter einer Decke.

DER BRIEFTRÄGER *würdevoll*: Mein Herr, Sie beleidigen einen Beamten in Ausübung seines Dienstes.

DER DICKE: Was hat er Ihnen dafür gezahlt? Vielleicht kennen Sie sich noch von der Schule her?

DER SCHMÄCHTIGE: Ihre Anschuldigungen entbehren jeder Grundlage. Fragen Sie doch den Briefträger, ob ich mit ihm eine Verabredung getroffen habe.

DER DICKE: Ausgezeichnet, fragen wir ihn. Ist er geständig, werden Sie unwiderruflich gegessen. Leugnet er, essen wir den Briefträger.

DER BRIEFTRÄGER: Was soll denn das? Da bin ich gerade erst angekommen und soll schon verspeist werden. Das ist doch unerhört!

DER DICKE: Eben, Sie eignen sich ausgezeichnet. Sie sind noch ganz frisch.

DER MITTLERE: Chef, am besten essen wir beide. Postillon sauté! Aus dem einen machen wir Braten und aus dem andern verschiedene hors d'œuvres und den Nachtisch. Einen Teil kann man auch einpökeln und für später verwahren. Oder wir füllen den einen mit dem andern. Das schmeckt fabelhaft.

DER SCHMÄCHTIGE *hoffnungsvoll*: Vielleicht ist der Herr Postbote nicht Vollwaise. Wir Verlassenen und Heimatlosen ... Man könnte ihn ja fragen.

DER DICKE *sich über das Menu Gedanken machend*: Vielleicht könnte man aus dem zweiten Wein keltern. Aber was für ein Burgunder läßt sich schon aus einem Briefträger gewinnen!

DER BRIEFTRÄGER *lebhaft zustimmend*: Da haben Sie ganz recht. Als Burgunder würde ich kaum das Mittelmaß erreichen, aber als Briefträger stehe ich meinen Mann.

DER MITTLERE: Ein echter Vin du Postillon ist nicht zu verachten.

DER SCHMÄCHTIGE *zum Briefträger*: Wenn Sie eine falsche Aussage machen und behaupten, wir hätten eine Verabredung getroffen, beschwere ich mich über Sie bei der Postdirektion.

DER BRIEFTRÄGER: Da brauchen Sie sich keine Sorgen zu machen. Ich habe mich während meiner dreißigjährigen Dienstzeit tadellos geführt.

DER DICKE: Schade um die Zeit! Haben Sie mit diesem Herrn eine Abmachung? Ja oder nein! Wenn Sie sagen, daß die Nachricht über das Ableben seiner Mutti fingiert ist, bekommen Sie die Nierchen und vielleicht noch eine Speckseite.

Entspricht die Nachricht jedoch den Tatsachen, essen wir drei Waisenkinder Sie in Ihrer Eigenschaft als Briefträger. Die Post ist eine Institution für die Allgemeinheit und muß ihr als solche dienen.

DER SCHMÄCHTIGE: Ich beschwöre Sie, bleiben Sie standhaft!

DER BRIEFTRÄGER: Da brauchen Sie keine Angst zu haben! Ich biu ein Postbeamter aus altem Schrot und Korn. Ich laß mich nicht mit Nierchen kirren.

DER DICKE: Wir hätten noch ein Kniechen anzubieten. Aber mehr können wir uns beim besten Willen nicht leisten.

DER BRIEFTRÄGER: Nein! *Auf sein Revers zeigend* Sehen Sie hier die beiden gekreuzten Posthörner? Die Ehre dieser Hörner geht mir über alles. Auf Wiedersehen, meine Herren! *Springt ins Wasser.*

DER SCHMÄCHTIGE: Nein, nein! Bleiben Sie noch ein bißchen! Erklären Sie wenigstens, daß ich unschuldig bin! Verlassen Sie uns nicht! *Schwenkt das Telegramm* Aber die Herren Kollegen konnten sich jetzt selbst davon überzeugen, daß wir unter dem Gesichtspunkt der Gerechtigkeit in der gleichen Lage sind. Wir alle sind Waisen.

DER DICKE *gleichgültig zum Mittleren*: Decken Sie bitte den Tisch! Alles erforderliche finden Sie in meinem Koffer.

DER SCHMÄCHTIGE *zurückweichend*: Wie das? Waisenkinder ein Waisenkind?

DER DICKE: Vergessen Sie nicht, daß es noch eine andere Gerechtigkeit gibt, die historische!

DER SCHMÄCHTIGE: Wie soll ich das verstehen?

DER MITTLERE *hat inzwischen den Koffer geöffnet*: Chef, brauchen wir den Durchschlag auch?

DER DICKE: Daß wir alle unsere Eltern verloren haben, stellt uns noch lange nicht auf die gleiche Ebene. Untersuchen wir jetzt die Frage: Wer waren unsere Eltern?

DER SCHMÄCHTIGE: Du lieber Himmel, einfach Eltern!

DER DICKE: Ha, ha! Was war Ihr Vater!

DER MITTLERE: Und die Kuchenform?

DER SCHMÄCHTIGE: Mein Vater? Kanzleiangestellter! Warum?

DER BRIEFTRÄGER *aus dem Meer auftauchend und sich am Rande des Floßes festhaltend*: Entschuldigung, ich habe die Quittung vergessen. Sie haben mir mit Ihrem Gerede über das Essen des Menschen durch den Menschen den Kopf ganz wirr gemacht.

DER SCHMÄCHTIGE: Wo habe ich zu unterschreiben?

DER BRIEFTRÄGER: Hier bitte! *Der Schmächtige unterschreibt die*

Quittung Ein ganzes Stück mußte ich zurückschwimmen. Auf Wiedersehen! *Schwimmt ab.*

DER DICKE: Kanzleiangestellter war also Ihr Vater. Das habe ich mir gedacht. Und wissen Sie, was mein Vater war?

DER SCHMÄCHTIGE: Nein!

DER DICKE: Ein einfacher Holzfäller und Analphabet. Mein Kamerad da hat überhaupt keinen Vater gehabt. Seine Mutter gebar ihn aus Kummer ob ihrer unaussprechlichen Not. Jawohl, mein Herr! Ihr Vater hat im Dienste der Aristokratie Kanzleibogen vollgeschrieben und saß dabei bequem in einem sauberen, warmen Büro. Mein Vater dagegen hat die für die Papierproduktion bestimmten Föhren gefällt, damit Ihr Vater etwas hatte, worauf er die Beschlagnahmebescheide schreiben konnte, welche der armen Mutter meines Kollegen, der überhaupt keinen Vater besaß, zugestellt wurden. Schämen Sie sich denn gar nicht?

DER MITTLERE *nimmt aus dem Koffer verschiedene Küchengeräte und breitet sie auf dem Floß aus. Jetzt holt er einen Fleischwolf hervor und dreht ein paarmal versuchsweise die Kurbel.*

DER SCHMÄCHTIGE *hat sich mit der ihm vom Dicken aufgezwungenen Argumentationsweise abgefunden*: Aber mit alledem habe doch ich nichts gemein.

DER DICKE: Gerade deshalb nennen wir ja die Gerechtigkeit, die uns jetzt befiehlt, Sie zu verspeisen, die historische.

STIMME AUS DEM MEER: Herr Graf, Herr Graf!

DER DICKE: Was ist denn jetzt schon wieder los?

Über dem Floßrand erscheint der Kopf eines alten Lakaien mit grauem Backenbart.

DER LAKAI: Herr Graf, welch ein Glück, daß ich Sie wiedergefunden habe!

DER DICKE: Was soll das?

DER LAKAI *zu Tränen gerührt*: Herr Graf erkennen mich nicht? Ich habe Herrn Graf doch gelehrt, auf einem Pony zu reiten, als Herr Graf noch das kleine Herrchen war.

DER DICKE: Fort!

DER LAKAI: Welch ein Glück, daß meine alten Augen den Herrn Graf noch einmal sehen! Im Palast machen sich ja alle solche Sorgen! Als wir die Nachricht erhielten, daß das Schiff, mit dem Herr Graf reisten, ein Opfer der Wellen geworden sei, hielt's mich nicht länger. Wo der Herr Graf ist, da will auch ich sein, und sein Schicksal soll auch das meine sein. So bin ich denn ins Meer gesprungen und geschwommen, bis ich den Herrn Graf gefunden habe. Oh, welch ein Glück!

DER DICKE: Jean, sofort lassen Sie das Floß los und ertrinken!

DER LAKAI: Immer zu Diensten, Herr Graf! Welch ein Glück, welch ein Glück! *Verschwindet.*

DER SCHMÄCHTIGE: Nein, nein, guter Mann! Lassen Sie nicht los. Treten Sie näher! Er ist ertrunken.

DER DICKE *als sei nichts gewesen*: Sie sehen selbst, die historische Gerechtigkeit ...

DER SCHMÄCHTIGE *aufgeregt*: Ja, ja, ich sehe es! In einem Palast haben Sie gelebt, auf einem Pony sind Sie geritten.

DER DICKE: Ich? Auf einem Pony? Mein Vater konnte sich nicht einmal ein Kaninchen leisten! Übertragen Sie bitte nicht Ihre Kindheitserinnerungen auf mich!

DER SCHMÄCHTIGE: Das ist doch die Höhe! Wollen Sie damit behaupten, ich hätte ein Pony gehabt?

DER DICKE: Natürlich! Sie haben es doch eben selbst zugegeben.

DER SCHMÄCHTIGE: Das ist ja nicht zu fassen! Ich versichere feierlich, daß ich niemals etwas mit einem Pony zu tun hatte.

DER DICKE: Und ich erst recht nicht! Meinem armen Vater war sogar das Wort »Pony« unbekannt. Schließlich war er Analphabet.

DER MITTLERE *steht vor den ausgebreiteten Küchengeräten und hört, eine Pfanne in der Hand, aufmerksam zu*: Das arme Pony! Keiner will sich zu ihm bekennen. *Zum Schmächtigen* Haben Sie kein Herz für das Tier? Sie verdanken ihm doch glückliche Kindertage.

DER SCHMÄCHTIGE: Aber dieser Lakai ...

DER DICKE: Welcher Lakai? *Zum Mittleren* Herr Kollege, haben Sie hier einen Lakaien gesehen?

DER MITTLERE: Ich? woher!

DER DICKE: Werter Herr, ich kann Sie nicht mehr länger als vollwertigen Gesprächspartner behandeln; Sie leiden unter Halluzinationen.

DER MITTLERE: Armer Irrer!

DER DICKE: Als ein unzurechnungsfähiges Individuum müßten Sie sich um so mehr der Führung von Menschen anvertrauen, die wissen, was sie wollen. Sie müssen aus der Gesellschaft ausgemerzt werden, und der beste Weg dafür ist, daß die Gesellschaft Sie verzehrt. Herr Kollege, bitte decken Sie den Tisch!

DER MITTLERE: Soll ich die Teelöffel auch auflegen?

DER DICKE: Selbstverständlich! Es wird mehrere Gänge geben. *Der Mittlere legt die Teelöffel auf.*

DER MITTLERE: Ein oder zwei Messer pro Person?

DER DICKE: Zwei! *Der Mittlere legt zwei Messer auf.*

DER MITTLERE: Servietten?

DER DICKE: Aber natürlich! Alles, wie es sich gehört. Schließlich sind wir zivilisierte Menschen.

Währenddessen weicht der Schmächtige in eine Ecke des Floßes zurück. Er nimmt einen Stuhl mit und geht hinter ihm in Deckung. Der Mittlere entfaltet mitten auf dem Floß ein weißes Tischtuch und stellt fachkundig zwei Gedecke darauf. Der Dicke hat aufgehört, den Schmächtigen zu beobachten. Er verfolgt die Tätigkeit des Mittleren und gibt ab und zu Anweisungen, wo und was aufzustellen ist. Der Schmächtige sieht eingeschüchtert hinter seinem Stuhl hervor.

DER SCHMÄCHTIGE *furchtsam*: Bitte schön . . .

DER DICKE *ohne ihn zu beachten*: Das Besteck etwas weiter nach rechts!

DER SCHMÄCHTIGE: Hallo! Sie! . . . Ich bin vergiftet!

DER DICKE: Die Kompottschüssel bitte weiter in die Mitte!

DER SCHMÄCHTIGE: Ehrenwort! Eigentlich wollte ich nicht darüber sprechen, aber es täte mir halt doch leid um die Herren . . .

DER DICKE *ergreift eine Gabel und sieht ihn an*: Saubermachen!

DER SCHMÄCHTIGE: Ich will ja nicht kneifen! Ich sage das nur aus Wohlwollen. Ich selber habe gern gutes Essen, aber ich weiß auch, daß die Gefräßigkeit den Menschen verderben kann. Wenn ich nicht vergiftet wäre, hätte ich ja nichts dagegen, bestimmt nicht. Aber es ist meine Pflicht, Sie darauf hinzuweisen . . .

DER DICKE: Wir können anfangen.

DER MITTLERE: Jawohl, Chef! *Nimmt aus dem Koffer ein langes Küchenmesser und einen Schleifstein; wetzt das Messer. Beide Requisiten müssen echt sein, damit beim Wetzen das entsprechende unangenehme Geräusch entsteht.*

DER SCHMÄCHTIGE *weicht bis an den Rand des Floßes zurück*: Ich behaupte ja gar nicht, daß das unheilbar ist. Wenn Sie noch ein bißchen warten, dann geht es bestimmt vorbei. Ich bleibe halt einen oder zwei Tage liegen, und dann bin ich entgiftet. Hier in der Ecke bleibe ich liegen, damit ich den Herren nicht im Weg bin. Sobald die Sache in Ordnung ist, melde ich mich. Ich will mich ja gar nicht drücken.

Der Mittlere schärft rhythmisch das Messer. Der Dicke betrachtet noch einmal das Gedeck, neigt abwägend den Kopf, geht zum Koffer, nimmt Blumen und eine Vase heraus, steckt die Blumen in die Vase und stellt sie dann mitten auf das Tischtuch. Tritt ein paar Schritte beiseite und prüft mit zusammengekniffenen Augen den Effekt. Er ist jetzt zufrieden.

DER SCHMÄCHTIGE *immer unsicherer*: Zwei Tage dauert es eigentlich gar nicht. Höchstens einen Tag. Kennen Sie nicht das Sprichwort: »Verwahr dir für morgen, was du heute essen könntest«? Ha, ha! *Der Mittlere prüft mit dem Finger die Schneide* . . . Ein paar Stunden würden es auch tun; sogar ein Stündchen könnte reichen . . .

DER DICKE: So, jetzt ist es Zeit. *Der Mittlere macht einen Schritt auf den Schmächtigen zu.*

DER SCHMÄCHTIGE *eilig*: Gut, Sie haben recht. Aber dürfte ich den Herren noch einen ganz uneigennützigen Rat geben?

DER DICKE: In welcher Angelegenheit?

DER SCHMÄCHTIGE: Unter Fachleuten, einen rein kulinarischen Rat. Nämlich . . . Meinen Sie nicht auch, daß es angebracht wäre, wenn ich mir vorher die Füße wüsche? *Der Mittlere schaut fragend auf den Dicken.*

DER DICKE: Tatsächlich! Daran habe ich gar nicht gedacht. *Zum Mittleren* Was meinen Sie?

DER MITTLERE *zögernd*: Was weiß ich? . . . Aber wenn es dann so zwischen den Zähnen knirscht . . . Vielleicht besser, er wäscht sich die Füße.

DER SCHMÄCHTIGE *krempelt schnell die Hosenbeine hoch*: Eben! Ein wahres Wort! Die Hygiene ist die Grundlage der gesunden Ernährung. *Kratzt sich am Bein* Mit bloßem Auge sind die Bakterien nicht zu sehen, aber ich fühle, wie sie mich zwicken.

DER DICKE: Richtig! Körperliche Sauberkeit hat noch keinem geschadet. Im Gegenteil, sie garantiert dem Individuum Gesundheit und langes Leben. Gleich gebe ich Ihnen ein Handtuch. *Der Schmächtige setzt sich an den Rand des Floßes und hängt die Beine ins Meer, wäscht sie und plantscht.*

DER SCHMÄCHTIGE: Sie haben also unwiderruflich beschlossen, mich . . .

DER DICKE: Ich dachte, das sei längst geklärt.

DER SCHMÄCHTIGE: Sie sagten vorher etwas über die Opferbereitschaft . . .

DER DICKE: Ja, ich wies darauf hin, daß diese etwas sehr Schönes sei.

DER SCHMÄCHTIGE *lauscht begierig*: Sagen Sie doch noch etwas!

DER DICKE: Nun, ich habe vorher bereits alles angeführt. Opferfreude, die Bereitschaft, sich hinzugeben ...

DER SCHMÄCHTIGE: Ja, ja, das alles ist wahr ...

DER DICKE *über ihm mit dem Handtuch stehend*: Sehen Sie! und vorher wollten Sie mir nicht glauben.

DER SCHMÄCHTIGE: Wahrscheinlich war ich noch nicht reif genug, noch nicht aufgeklärt... Aber jetzt sehe ich ein, daß an alledem etwas ist.

DER DICKE *aufmunternd*: Es ist noch nicht zu spät.

DER SCHMÄCHTIGE: Es verriet niedrige Gesinnung, daß ich Ihre Argumente zurückwies.

DER DICKE: Aber offensichtlich sind Sie doch nicht bis ins Mark hinein verderbt, wenn jetzt edle Gefühle in Ihnen zu sprießen beginnen. Vielleicht nehmen Sie nun besser das andere Bein?

DER SCHMÄCHTIGE: Gleich, nur noch zwischen den Zehen. Aber, um zu unserem Thema zurückzukommen, ich muß Ihnen sagen, daß jetzt ein anderer, besserer Mensch in mir erwacht ist. Nebenbei bemerkt, sind Sie ganz fest entschlossen...?

DER DICKE *ungeduldig*: Aber mein Herr!

DER SCHMÄCHTIGE: Natürlich, natürlich! Wovon haben wir gesprochen? Ach ja! Ein anderer, besserer Mensch! Schließlich ist es etwas völlig anderes, ob man als gewöhnliches Opfer einer Übermacht gegessen wird oder als ein besserer Mensch, der aus eigenem Hingabebedürfnis gegessen wird, infolge einer inneren Berufung, eines edlen Antriebs. Aber sagen Sie, Ehrenwort, die Sache ist entschieden?

DER DICKE: Ehrenwort!

DER SCHMÄCHTIGE: Da läßt sich nichts ändern. Also, was habe ich sagen wollen. Ach, ja, das gibt eine innere Genugtuung, ein Gefühl der Freiheit, der Unabhängigkeit.

DER DICKE: Endlich sind Sie verständig geworden. *Zum Mittleren* Herr Kollege, reichen Sie doch mal die Seife herüber!

DER SCHMÄCHTIGE *in Eifer geratend*: Denken Sie bloß nicht, ich sei ein willenloses Objekt! So etwas hat niemand gern.

DER DICKE: Sie können versichert sein, daß wir Sie zu schätzen wissen. Sie werden in unseren Magen, das heißt in unser Gedächtnis, eingehen als ein Held, als eine leuchtende Gestalt der Selbstlosigkeit. Aber ich meine, das linke Bein ist jetzt sauber genug.

DER SCHMÄCHTIGE *immer eifriger*: Völlig richtig! Und das rechte ist eigentlich ohnedies sauber genug. Geben Sie mir bitte das Handtuch, und fertig!

DER DICKE: Nein, auch um das rechte sollten Sie sich ein wenig kümmern.

DER SCHMÄCHTIGE: Wie Sie wünschen!

DER DICKE: Ja, es wäre vielleicht wirklich besser.

DER SCHMÄCHTIGE: Ich selbst habe die große Entscheidung getroffen. Ich bin zuerst auf die Idee gekommen, mich für die Gemeinschaft zu opfern.

DER MITTLERE *kritisch zusehend*: Ein wenig Soda könnte nicht schaden.

DER DICKE: Mit Seife geht es auch weg. Wir können ja noch ein bißchen warten.

DER SCHMÄCHTIGE: Warten? Wo die Kameraden doch so hungrig sind! Nein, niemals! *Will aufstehen, aber der Dicke drückt ihn nieder.*

DER DICKE: Nur nicht die Geduld verlieren, gleich haben wir's geschafft!

DER SCHMÄCHTIGE: Jetzt, da ich sehend geworden bin, spielen die Beine keine Rolle mehr für mich. Mögen sie doch schmutzig sein!

DER DICKE *ihm das Handtuch reichend*: Hier ist das Handtuch, und jetzt sind wir soweit. *Der Schmächtige steht auf und tritt in die Mitte des Floßes.*

DER SCHMÄCHTIGE: Meine Herren, ich danke Ihnen. Jetzt endlich bin ich ein vollwertiger Mensch geworden. Ich habe die Ideale entdeckt, die mir bisher fehlten.

DER DICKE: Nichts zu danken, gern geschehen!

DER SCHMÄCHTIGE: Ich habe meine Würde. Wie stellt sich die Lage letzten Endes dar? Wir sind zu dritt, und ich allein rette die übrigen. Gestatten Sie mir, noch eine kurze Ansprache über die Freiheit zu halten!

DER DICKE: Dauert das lange?

DER SCHMÄCHTIGE: Nein, nur ein paar Worte.

DER DICKE: Na, dann mal los!

DER SCHMÄCHTIGE *schiebt einen Stuhl auf die Seite des Floßes. Steigt auf den Stuhl wie anfangs bei der Versammlung*: Freiheit, das bedeutet nichts! Erst die wahre Freiheit bedeutet etwas. Warum? Weil sie die wahre und daher die bessere ist. Wo aber finden wir die wahre Freiheit? Denken wir logisch! Wenn die wahre Freiheit nicht das gleiche ist wie die gewöhnliche Freiheit, wo befindet sie sich dann? Das ist doch klar. Die wahre Freiheit gibt es nur dort, wo es keine gewöhnliche Freiheit gibt.

DER MITTLERE: Chef, wo ist denn das Salz?

DER DICKE: Stören Sie nicht in einem solchen Augenblick! *Beiseite* Im Koffer ganz unten.

DER SCHMÄCHTIGE: Und aus diesem Grunde eben . . . *Der Mittlere geht zum Koffer, schaut hinein, kommt schnell zum Dicken zurückgelaufen.*

DER SCHMÄCHTIGE: . . . Und aus diesem Grunde eben . . . *Er wiederholt diesen Satz unaufhörlich wie eine gesprungene Grammophonplatte, aber doch nicht so monoton, sondern mit verschiedener Betonung, so als suche er verzweifelt nach dem, was er sagen wollte.*

DER MITTLERE *aufgeregt, mit leiser, aber deutlicher Stimme*: Chef, ich habe das Kalbfleisch mit Erbsen gefunden!

DER DICKE: Pst! Tun Sie es schnell wieder weg!

DER SCHMÄCHTIGE: Und aus diesem Grunde eben . . .

DER MITTLERE: Ehrlich gesagt, äße ich lieber die Erbsen. Ist Ihnen das klar, Chef?

DER DICKE: Aber ich habe keinen Appetit darauf. Und außerdem . . .

DER SCHMÄCHTIGE: Und aus diesem Grunde eben . . .

DER MITTLERE: Was außerdem?

DER DICKE *auf den Schmächtigen zeigend*: Sehen Sie denn nicht, daß er schon jetzt glücklich ist?

Striptease

Personen:

1. Herr
2. Herr

Auf der Bühne stehen nur zwei Stühle. Je eine Tür auf der linken und der rechten Seite müssen gut sichtbar sein. Wenn sich der Vorhang hebt, ist die Bühne leer. Man hört ein seltsames Poltern und Rumpeln, unbestimmte, konkrete und nicht konkrete Laute. Die Tür links öffnet sich, eilig tritt der erste Herr ein; es ist ein Mann mittleren Alters, sorgfältig, aber durchschnittlich gekleidet; er trägt eine Aktentasche. Offensichtlich interessiert ihn nicht das Zimmer, sondern das, was vor einem Augenblick geschehen ist. Man soll den Eindruck gewinnen, daß er die Bühne nicht freiwillig betreten hat. Jetzt erst sieht er sich um und streicht sich seinen Anzug zurecht. Die Tür bleibt einen Spalt breit offen. Kurz darauf kommt durch die rechte Tür der zweite Herr. Er gleicht dem ersten aufs Haar, hat auch eine Aktentasche, verhält sich ebenso wie der erste. Auch diese Tür schließt sich nicht ganz.

1. HERR: Unerhört!
2. HERR: Unglaublich!
1. HERR: Ich ging gerade wie gewöhnlich ...
2. HERR: Alles war wie immer.
1. HERR: Als plötzlich ...
2. HERR: ... und völlig unerwartet ...
1. HERR *scheint erst jetzt die Anwesenheit des zweiten zu bemerken:* Was führt denn Sie hierher?
2. HERR: Fragen Sie besser, was mich hierher gebracht, wer mich hierher geführt hat!
1. HERR *wieder seinen eigenen Gedanken nachhängend*: Empörend!
2. HERR: In höchstem Maße! *Er scheint den ersten ein wenig nachzuäffen.*
1. HERR: Ich ging ganz einfach, oder besser, eilte ...
2. HERR: Richtig! Auch hatten Sie ein bestimmtes Ziel vor Augen.
1. HERR: Woher wissen Sie das?
2. HERR: Das versteht sich von selbst. Auch ich ging, aber es war eher ein Eilen, ein Hinstreben auf ein Ziel, ein gezieltes Eilen mit der Absicht, das Ziel zu erreichen.
1. HERR: Sie haben mir das Wort aus dem Munde genommen. Ich strebte also meinem Ziel entgegen, als plötzlich ...

2. HERR: Notabene, dieses Ziel hatten Sie sich selbst gesetzt.
1. HERR: Durchaus, und zwar mit vollem Bewußtsein.
2. HERR: Nach bestem Wissen und Gewissen, auf Treu und Glauben.
1. HERR: Sie können meine Gedanken lesen. Ich ging also den für mein Vorhaben am besten geeigneten Weg, als plötzlich ...
2. HERR *vertraulich*: Wurden Sie geschlagen?
1. HERR: Nein! O nein! *Ebenfalls vertraulich* Und Sie?
2. HERR: Gott bewahre! Das heißt, ich weiß gar nichts, mehr kann ich nicht sagen.
1. HERR: Was war es denn eigentlich?
2. HERR: Das läßt sich nicht genau bestimmen. Es war, als habe ein riesiger Elefant die Straße verrammelt, als seien Wirren ausgebrochen. Am Anfang glaubte ich, es sei eine Überschwemmung, dann meinte ich, in einen Massenausflug geraten zu sein. Aber es herrscht ja ein solcher Nebel.
1. HERR: Richtig, es ist neblig heute. Man kann fast gar nichts sehen. Dennoch versuchte ich, an den von mir selbst bestimmten Ort zu gelangen ...
2. HERR: Den frei und selbständig gewählten ...
1. HERR: Das ist die lautere Wahrheit. Alles war klar durchdacht, ich hatte mir alles genau zurechtgelegt. Meine Frau und ich, wir haben oft stundenlang Pläne geschmiedet, manchmal fürs ganze Leben.
2. HERR: Auch ich habe immer genau disponiert. Schon als kleiner Junge ...
1. Herr *vertraulich*: Hörten Sie dabei eine Stimme?
2. HERR: Freilich, eine Stimme war auch dabei.
1. HERR: O Gott, es klang ganz wie eine Säge ... ein durchdringender, anhaltender Ton ... nein, immer wieder irgendwie unterbrochen ...
2. HERR: Wie von einer gigantischen Laubsäge.
1. HERR: Aber zum Teufel, woher sollte da eine Säge kommen?
2. HERR: Vielleicht war es auch gar keine Säge. Mich hat etwas zu Boden geworfen.
1. HERR: Aber was war das?
2. HERR: Am schlimmsten ist diese Ungewißheit. Und ging ich überhaupt wirklich zu Boden?
1. HERR: Wohin denn sonst, wenn Sie doch umgeworfen wurden!
2. HERR: Aber war das wirklich ein Umgeworfenwerden?

Welch ein Dickicht von Rätseln! Ich weiß tatsächlich nicht, ob das ein normales Umgeworfensein war, etwas, was diesen Namen verdient. Aber ich fühlte mich umgeworfen, hatte den Eindruck zu liegen, obwohl . . .

1. HERR *gespannt*: . . . also eher geworfen denn umgeworfen?

2. HERR: Genau. Und ehrlich gesagt, ich weiß eigentlich gar nicht, worüber ich mich beklagen sollte. Haben Sie dabei Menschen gesehen?

1. HERR: Gibt es überhaupt noch welche?

2. HERR: Vermutlich schon, aber bei diesem Nebel kann man nichts mit Bestimmtheit sagen.

1. HERR: Das Schlimmste ist dieser Mangel an Überzeugtsein.

2. HERR: Und was für eine Farbe hatte es?

1. HERR: Was?

2. HERR: Es ist so schwierig, überhaupt etwas auszumachen. Es war eine Art Glanz, eine von fahlem Grau durchwobene Rosenfarbigkeit.

1. Herr: Unsinn!

2. HERR *tritt schweigend auf den ersten zu*: Aber aufs Maul wurden Sie geschlagen.

1. HERR: Ich?

2. Herr: Ich auch. *Schweigen.*

1. HERR: So, jetzt komme ich ohnedies nicht mehr rechtzeitig hin.

2. HERR: Und wenn wir jetzt einfach hinausgingen, als ob gar nichts geschehen wäre?

1. HERR: Nein! nein!

2. HERR: Haben Sie Angst?

1. Herr: Ich? Woher! Ich bin nur ein wenig nervös. Das alles ist so unklar.

2. HERR: Das kommt durch diesen Nebel.

1. HERR: Haben die eigentlich gesagt, wir dürften das Zimmer nicht verlassen?

2. HERR: Wer?

1. HERR: An wen dachten denn Sie?

2. HERR: Lassen wir es gut sein!

1. HERR: Ich habe mich entschlossen, hier sitzen zu bleiben. Es wird sich alles von selbst ergeben.

2. HERR: Warum denn? Es ist durchaus möglich, daß wir ohne weiteres das Zimmer verlassen und unseren Weg fortsetzen können. Wir wissen ja nicht einmal, worum es hier geht. Vielleicht sind wir einfach aus Versehen hierher geraten.

1. HERR: Wollen Sie sich selbst die Schuld zuschreiben? Uns?

Jeder von uns kannte seinen Weg, jeder strebte seinem Ziel entgegen.

2. HERR: Sie glauben also nicht, daß es unsere Schuld ist?

1. HERR: Nein ... es sei denn ...

2. HERR: Es sei denn?

1. HERR: Was weiß ich? Lassen wir es gut sein! Ich jedenfalls bin entschieden der Ansicht, daß wir das Zimmer nicht verlassen sollten.

2. HERR: Wenn Sie so fest davon überzeugt sind ...

1. HERR: Absolut! Wir müssen sehr vernünftig vorgehen. *Beide setzen sich.*

2. HERR: Vielleicht haben Sie recht. *Horcht* Dort ist niemand.

1. HERR: Im Grunde haben wir gar nichts zu befürchten, nicht wahr?

2. HERR: Eigentlich haben wir keine Veranlassung.

1. HERR: Wollen Sie damit sagen, daß es doch vielleicht einen Anlaß geben könnte?

2. HERR: Sie sind gar nicht so dumm.

1. HERR: Stellen wir doch einmal die Tatsachen zusammen!

2. HERR: Einverstanden.

1. HERR: Also gut. In Übereinstimmung mit unserem Vorhaben verließen wir beide das Haus und gingen, beziehungsweise eilten, wie Sie richtig bemerkten, auf unser Ziel zu. Es war ein frischer schöner Morgen. Daß wir Familie haben, ist eine Tatsache. Wir wußten in jeder Beziehung Bescheid. Natürlich waren wir uns nicht im klaren darüber, aus welchen Molekülen, von den Atomen ganz zu schweigen, unsere Nachtschränkchen bestehen. Aber dafür gibt es schließlich Spezialisten. Im Grunde war also alles klar. Gut rasiert, die unentbehrliche und praktische Aktentasche unter dem Arm, machten wir uns zielsicher in Richtung unseres Zieles auf den Weg. Die entsprechenden Adressen hatten wir einwandfrei im Kopf. Für alle Fälle waren sie außerdem in unseren Terminkalendern notiert. So war es doch?

2. HERR: Punkt für Punkt.

1. HERR: Und jetzt aufgepaßt! In einem bestimmten Augenblick, als wir uns auf dem Weg befanden, einem Weg, den wir uns genau überlegt hatten, der gleichsam die Resultante all unserer vernünftigen Berechnungen war, ein wohl vorbereitetes Geleise, geschah das, was ich als etwas von außen Kommendes, von uns Unabhängiges, mit uns nichts zu tun Habendes bezeichnen möchte.

2. HERR: Was diesen Punkt betrifft, muß ich meinerseits nun doch Bedenken anmelden. Da wir die Natur dessen, was uns begegnete, nicht zu bestimmen vermögen, ja, uns nicht einmal über seine Erscheinungsformen einigen können, sind wir, sei es infolge des Nebels, sei es aus irgendwelchen anderen Gründen, nicht in der Lage, mit Sicherheit festzustellen, daß es sich um etwas *völlig* von außen Kommendes, von uns *ganz* Unabhängiges und mit uns *gar nichts* zu tun Habendes handelt.

1. HERR: Sie bringen mich aus dem Konzept.

2. HERR: Wie bitte?

1. HEER: Sie stören meinen Gedankengang.

2. HERR: Das tut mir leid.

1. HERR: Leider ist es uns unmöglich, die Natur der Erscheinung genau zu bestimmen.

2. HERR: Gerade das habe ich gesagt.

1. HERR: Wenn Sie statt meiner fortfahren wollen, bitte!

2. HERR: Es ist mir nur so herausgerutscht. Ich sage jetzt nichts mehr.

1. HERR: Wir können nicht einmal mit der angemessenen Genauigkeit feststellen, aus welchen Elementen jenes Etwas bestand. Wie bitte?

2. HERR: Ich habe nichts gesagt.

1. HERR: Ich z. B. habe etwas in der Art einer Tiergestalt wahrgenommen, aber ich kann nicht mit Sicherheit ausschließen, daß es nicht gleichzeitig auch ein Mineral gewesen sein könnte. Dabei scheint mir, daß es eher mit Energie als mit Materie zu tun hatte. Am leichtesten noch läßt sich das alles als ein Phänomen definieren, das sich an der Grenze der Dimensionen und Begriffe befindet, als ein Ineinanderübergehen von Farbe, Gestalt, Geruch, Gewicht, Länge und Breite, Kontur und Schatten, Licht und Dunkel und so weiter und so fort.

2. HERR: Tut es Ihnen noch weh? Bei mir hat es allmählich nachgelassen.

1. HERR: Bitte vereinfachen Sie nicht das Problem.

2. HERR: Ich frage ja nur.

1. HERR *den Faden wieder aufnehmend*: Feststeht, daß wir der Erscheinung gegenüber ohnmächtig waren und, teils aus freien Stücken, teils aber auch einem Zwang uns fügend, in diesen uns fremden Raum gerieten, der in dem kritischen Augenblick am nächsten gelegen zu sein schien. Glücklicherweise fanden

wir hier eine offene Tür. Ich brauche nicht hinzuzufügen, daß unsere ursprünglichen Absichten auf diese Weise verzögert, ja, in Mitleidenschaft gezogen wurden.

2. HERR: Ich bin mit allem einverstanden. Welche Schlüsse ziehen Sie daraus?

1. HERR: Das ist das Thema, zu dem ich jetzt kommen wollte. Unsere Hauptaufgabe besteht nunmehr darin, Ruhe und persönliche Würde zu bewahren. Auf diese Weise sind wir, meines Erachtens, Herr der Lage. Unsere Freiheit wird im Grunde genommen durch nichts beeinträchtigt.

2. HERR: Nennen Sie es Freiheit, daß wir noch immer hier sitzen?

1. HERR: Aber wir können doch in jedem Augenblick hinausgehen, die Türen stehen offen.

2. HERR: Also, gehen wir! Wir haben schon genug Zeit verloren. *Man hört wieder das gleiche seltsame Geräusch wie am Anfang.*

1. HERR: Hören Sie? Was ist denn das?

2. HERR: Ich habe doch gesagt, wir sollen gehen.

1. HERR: Jetzt sofort?

2. HERR: Haben Sie Angst?

1. HERR: In keiner Weise.

2. HERR: Erst erklären Sie, man müsse in Freiheit die persönliche Würde bewahren, und dann wollen Sie nicht hinausgehen, solange noch Zeit ist.

1. HERR: Ginge ich auf der Stelle, würde ich die Idee der Freiheit einschränken.

2. HERR: Wie meinen Sie das?

1. HERR: Das ist doch klar! Was ist Freiheit? Die Fähigkeit, eine Wahl zu treffen. Solange ich hier sitze und weiß, daß ich durch diese Tür hinaustreten kann, bin ich frei. Sobald ich aber aufstehe und hinausgehe, habe ich bereits gewählt, die Möglichkeiten meines Verhaltens eingeschränkt, die Freiheit verloren und mich zum Gefangenen meiner Handlung gemacht.

2. HERR: Sitzenzubleiben und nicht hinauszugehen ist doch auch Ausdruck einer Wahl. Dann wählen Sie eben das Sitzen und Nichtgehen.

1. HERR: Falsch! Ich sitze, aber ich kann hinausgehen. Wenn ich jedoch hinausgehe, schließe ich die Möglichkeit des Sitzenbleibens aus.

2. HERR: Und dabei fühlen Sie sich wohl?

1. HERR: Vollkommen. Die uneingeschränkte innere Freiheit,

das ist meine Antwort auf den geheimnisvollen Zwischenfall. *Der zweite steht auf* Was machen Sie denn?

2. HERR: Ich gehe. Mir paßt das hier nicht.

1. HERR: Machen Sie keine Witze.

2. HERR: Mir ist nicht danach. Ich bin für die äußere Freiheit.

1. HERR: Und was soll aus mir werden?

2. HERR: Adieu!

1. HERR: Warten Sie doch! Sind Sie verrückt? Sie wissen ja gar nicht, was draußen Ihrer harrt! *Beide Türen schließen sich langsam.*

2. HERR: Verdammt, was soll das jetzt wieder!

1. HERR: Nicht zumachen! Nicht zumachen!

2. HERR: Daran ist nur Ihr verdammtes Geschwätz schuld! Wir hätten gleich gehen sollen.

1. HERR: Ihre Vorwürfe sind nicht berechtigt. Wären Sie sitzengeblieben, wären die Türen nicht geschlossen worden. Sie haben das verschuldet.

2. HERR: Das wird sich nie mehr feststellen lassen.

1. HERR: Alles ist durch Sie gekommen. Ihrem Benehmen ist es zu verdanken, daß uns der Rückweg abgeschnitten wurde. *Der zweite geht zu einer Tür und versucht sie, ohne Erfolg, zu öffnen.*

2. HERR: Hallo, aufmachen, sofort aufmachen!

1. HERR: Ruhig, ruhig!

2. HERR: Warum soll ich ruhig sein?

1. HERR: Ich weiß es auch nicht.

2. HERR *geht zur anderen Tür, klopft, horcht*: Verschlossen!

1. HERR: Setzen Sie sich doch, ich bitte Sie!

2. HERR: Na, wie steht es jetzt mit Ihrer Freiheit?

1. HERR: Ich habe mir nichts vorzuwerfen. Meine Freiheit blieb unangetastet.

2. HERR: Aber hinausgehen können Sie nicht mehr, was?

1. HERR: Das Potential meiner Freiheit ist intakt geblieben. Ich habe keine Wahl getroffen, mich nicht festgelegt. Die Türen wurden aus äußeren Gründen geschlossen. Persönlich blieb ich derselbe, der ich war. Haben Sie beachtet, daß ich nicht einmal aufgestanden bin?

2. HERR: Diese Türen regen mich auf.

1. HERR: Mein Lieber, auf die äußeren Geschehnisse haben wir keinen Einfluß. Wir müssen lediglich darauf achten, unsere Würde und unser inneres Gleichgewicht zu bewahren. Und dafür wird uns immer ein unbegrenztes Feld zur Verfügung

stehen, selbst wenn uns aus einer unendlichen Fülle nur zwei Alternativen verblieben sind. Die Voraussetzung freilich ist, daß wir uns für keine davon entscheiden.

2. HERR: Was meinen Sie, passiert jetzt weiter?

1. HERR: Glauben Sie, es kommt noch schlimmer?

2. HERR: Ich klopfe an die Wand, vielleicht ist da wer.

1. HERR: Ich bedaure es sehr, daß Sie so wenig auf die Unantastbarkeit Ihrer persönlichen Freiheit bedacht sind. Auch ich könnte an die Wand klopfen, aber ich tue es nicht. Täte ich es, würde ich z. B. die Möglichkeit ausschließen, die Zeitungen zu lesen, die ich in der Tasche habe, oder meine Gedanken auf die vorjährigen Pferderennen zu lenken.

Der zweite klopft ein paarmal an die Wand und horcht. Dann zieht er einen Schuh aus und schlägt damit gegen die Wand. Eine Tür öffnet sich langsam. Eine riesige Hand greift ins Zimmer. Sie gleicht dem früher häufig verwendeten Druckzeichen – Hand mit Manschette und ausgestrecktem Zeigefinger. Die Handfläche sollte eine grelle Farbe haben, damit sie deutlich von der Dekoration absticht. Die Hand führt mit dem gekrümmten Zeigefinger eine einförmige, in Richtung auf den zweiten weisende, ihn herbeizitierende Geste aus.

1. HERR *hat als erster die Hand erblickt*: Pst!

2. HERR *hat die Hand noch nicht gesehen, klopft weiter mit dem Schuh, horcht.*

1. HERR: Pst! Hören Sie doch auf! Sehen Sie nicht, was los ist? *Der zweite dreht sich um. Der erste deutet auf die große Hand.*

2. HERR: Was soll denn das nun wieder?

Man merkt, daß die Hand etwas von ihm will. Der zweite geht auf sie zu. Die Hand deutet auf den Schuh, den er in der Hand hat. Dann streckt sie sich aus. Die Geste kann eine Bitte oder eine Forderung bedeuten. Zögernd legt der zweite seinen Schuh in die große Hand. Die Hand verschwindet und erscheint gleich darauf ohne Schuh wieder. Der zweite bückt sich und gibt ihr dann auch den anderen Schuh. Die Hand verläßt das Zimmer, kommt zurück, berührt mit dem Zeigefinger ein paarmal den Bauch des zweiten. Dieser legt den Gürtel ab und gibt ihn der Hand. Die Hand zieht sich zurück, kommt ohne Gürtel wieder und beginnt auf den ersten zu zeigen.

1. HERR: Sie meinen mich? *Nähert sich, immer wieder stehenbleibend, der Hand. Während er redet, ruft ihn die Hand unablässig zu sich* Ich habe doch gar nicht geklopft ... Ich möchte richtig verstanden werden. Ich habe nicht gewählt, ich habe keine

Entscheidung getroffen. Ich habe nicht geklopft, obwohl ich zugeben muß, daß, als der Herr Kollege klopfte, die Hoffnung in mir aufstieg, jemand möchte es hören, kommen und uns, nach Klärung der Lage, das Hinausgehen ermöglichen. Gut, das gebe ich zu, aber geklopft habe ich nicht. *Die Hand zeigt auf seine Schuhe* Ich protestiere. Ich betone noch einmal, die Klopfgeräusche sind nicht auf mich zurückzuführen. Ich verstehe nicht, warum ich meine Schuhe abgeben soll. *Bückt sich, um die Schnürsenkel zu lösen* Mir kommt es vor allem auf die innere Freiheit an. Langsam, langsam! Sehen Sie denn nicht, daß da ein Knoten ist? . . . Übrigens nehme ich Ihnen persönlich, verehrte Hand, die Sache gar nicht übel, weil ich weiß, daß ich mir selbst nichts vorzuwerfen habe. Um meine innere Freiheit zu retten, bin ich bereit, die äußere zu opfern. Der Herr Kollege da ist in dieser Beziehung das genaue Gegenteil. Aber ich mache auch ihm keine Vorwürfe, weil das ja schließlich seine Angelegenheit ist. Ich verlange lediglich eine individuelle Behandlung. Augenblick, ich bin gleich so weit! Es brennt doch nicht! *Gibt der Hand seine Schuhe* Wie bitte? *Die Hand deutet auf seinen Bauch* Ich trage keinen Gürtel, sondern Hosenträger. Schon gut, wenn Sie Wert darauf legen, kann ich Ihnen auch die Hosenträger geben. *Zieht die Jacke aus, knöpft die Hosenträger ab* Merkwürdige Methoden hier! Bitte sehr, hier sind sie. Wenn Sie sich bei Gelegenheit mal die Fingernägel reinigten, könnte das gar nichts schaden. *Die Hand verschwindet, die Tür geht langsam zu* Zum Glück habe ich heute frische Socken angezogen.

2. HERR: Ein Speichellecker sind Sie!

1. HERR: Hauen Sie ab! Ich habe Ihnen nichts getan!

2. HERR: Womit soll ich jetzt bloß klopfen?

1. HERR: Das überlasse ich Ihnen. Ich setze mich. *Nimmt wieder auf seinem Stuhl Platz.*

2. HERR: Schön stehen Sie jetzt da mit Ihrer inneren Freiheit! Passen Sie auf, daß Ihnen die Hose nicht rutscht!

1. HERR: Sie könnten Ihren Gürtel auch ganz gut gebrauchen.

2. HERR: Und was halten Sie von alledem?

1. HERR: Ich kann nur wiederholen, was ich bereits gesagt habe: Diese Hand machte es mir unmöglich, mich frei im Raum zu bewegen und auf normale Weise meine Hose zu tragen. Das stimmt, und das gebe ich gerne zu. Aber was hat das zu besagen? All das ist äußerlich. Innerlich bin ich frei geblieben. Ich habe keinen Finger gerührt. Ich bleibe sitzen und könnte

noch immer all das tun, was im Bereich der Möglichkeit liegt. Aber für Sie gilt das nicht. Sie haben Ihre Wahl getroffen, gegen die Wand gehämmert und sich zum Narren gemacht. Sie bedauernswerter Knecht!

2. HERR: Ich könnte Ihnen eine Ohrfeige geben, aber hier geht es um wichtigere Dinge.

1. HERR: Richtig! Warum stellt man das alles mit uns an?

2. HERR: Das ist doch so üblich. Zuerst werden immer die Schnürsenkel, Gürtel und Hosenträger abgenommen.

1. HERR: Zu welchem Zweck?

2. HERR: Damit wir uns nicht aufhängen.

1. HERR: Machen Sie keine Witze! Wenn ich nicht einmal von meinem Stuhl aufstehe, wie sollte ich mich da aufhängen? Selbstverständlich könnte ich das, aber ich will nicht. Sie kennen meine Ansichten.

2. HERR: Mir hängen Ihre Ansichten zum Halse heraus.

1. HERR: Das ist Ihre Sache. Aber was meinen Sie, wenn dieses Händchen nicht möchte, daß wir uns aufhängen, dann bedeutet das doch, daß ihm an der Erhaltung unseres Lebens etwas liegt. Ein gutes Zeichen!

2. HERR: Gerade das beunruhigt mich. Es bedeutet, das Händlein denkt über uns in den Kategorien Leben und . . . na, wie heißt gleich das andere?

1. HERR: Tod?

2. HERR: Sie haben das Wort gesagt. *Schweigen.*

1. HERR: Ich bin ganz ruhig.

2. HERR: Sagen Sie mal, was könnten Sie jetzt tun, wenn Sie handeln wollten? Natürlich unter Berücksichtigung des Umstands, daß man Ihnen Schuhe und Hosenträger abgenommen hat?

1. HERR: Sehr viel! Ich könnte z. B. die Jacke mit der Innenseite nach außen anziehen, die Hosenbeine hochkrempeln und so tun, als ob ich ein Angler wäre.

2. HERR: Und was noch?

1. HERR: Singen!

2. HERR: Das reicht! *Krempelt sich die Hosen hoch, zieht die Jacke links herum an, streift die Socken ab.*

1. HERR: Verrückt geworden? Was wollen Sie denn machen?

2. HERR: Ich spiele einen Angler und werde auch singen. Ich möchte irgend etwas tun. Im Gegensatz zu Ihnen! Vielleicht mag das Händlein gerade die Angler und läßt sie frei. Ich habe Sie gefragt, weil Sie mehr Phantasie haben als ich. Ich z. B.

wäre nie auf all die Geschichten mit der inneren Freiheit gekommen.

1. HERR: Meinetwegen! Aber beachten Sie bitte, daß ich sitzenbleibe.

2. HERR: Wie belieben! *Steigt auf den Stuhl und singt das Lied »Die Forelle«. Eine Tür geht langsam auf.*

1. HERR *aufmerksam die Tür beobachtend*: Da haben Sie's! *Es erscheint die Hand.*

2. HERR: Was wissen Sie? Vielleicht läßt sie mich jetzt heraus, und Sie bleiben da. *Die Hand zitiert ihn herbei* Ich komme ja schon. Worum geht es? *Die Hand gibt ihm zu verstehen, daß sie die Jacke will* Aber ich habe doch nur so ... Darf man jetzt nicht einmal mehr angeln? *Die Hand wiederholt die Gebärde* Ich habe doch nur so getan. Ich bin doch gar kein Angler. *Gibt der Hand die Jacke. Die Hand verschwindet, kommt wieder und will jetzt offensichtlich die Hose* Nein, die Hose gebe ich nicht her. *Die Hand ballt sich zur Faust und erhebt sich* Schon gut! *Zieht die Hose aus.*

1. HERR *steht auf*: Soll ich auch? *Wartet auf eine Antwort. Die Hand reagiert nicht. Der erste legt freiwillig die Jacke ab. Mittlerweile hat der zweite der Hand seine Hose gegeben und steht jetzt in gestreiften, bis zu den Knien reichenden Unterhosen da. Die Hand trägt die Hose hinter die Kulisse, kommt gleich wieder, winkt dem ersten* Bitte sehr, da ist sie schon. Ich leiste keinen Widerstand, bitte das beachten zu wollen! *Gibt der Hand seine Jacke. Die Hand kommt sofort zurück* Ich bin immer zu allem bereit. Kann ich in Anbetracht dessen meine Hose behalten? *Die Hand macht ein Zeichen der Verneinung* Gut, ich setze mich auch dagegen nicht zur Wehr. *Zieht die Hose aus und steht jetzt in den gleichen Unterhosen da wie der zweite. Die Hand verschwindet, die Tür geht zu.*

1. HERR: Der Teufel soll Sie holen für diese Idee mit dem Angeln!

2. HERR: Die Idee, dünkt mich, stammte von Ihnen.

1. HERR: Aber Sie haben sie verwirklicht. Kalt ist es hier.

2. HERR: Vielleicht hätten wir unseren Anzug auch ohnedies abgeben müssen.

1. HERR: Ausgeschlossen! Durch Ihre dämliche Maskerade haben Sie sich und mich in diese Lage gebracht. Sie haben die Aufmerksamkeit der Hand auf unsere Kleidung gelenkt. Wenn Sie sich wenigstens nicht die Hosen hochgekrempelt hätten, dann hätte sie die vielleicht vergessen.

2. HERR: Angler krempeln sich nun mal die Hosen hoch!
1. HERR: Aber was haben Sie nun davon?
2. HERR: Ist Ihnen noch immer nicht klar, daß wir uns in unseren Ansichten unterscheiden? Sie tun nichts, damit Sie, natürlich im Rahmen dessen, was Ihnen freisteht, alles tun könnten. Ich will in diesem Rahmen irgend etwas machen. Aber anscheinend ist es hier auch verboten, eine Hose zu tragen.
1. HERR: Sie selbst haben dieses Schicksal auf Ihr Haupt herabbeschworen.
2. HERR: Ein anatomisch falsches Bild! Außerdem erkläre ich Ihnen noch einmal: es ist völlig unklar, ob ich das verursacht habe oder ob das Abgeben der Anzüge auch ohnedies vorgesehen war.
1. HERR: Auf jeden Fall sollten Sie jetzt einsehen, daß meine Grundhaltung der Ihren überlegen ist. Bitte sehr: ich habe nicht geklopft, nicht gesungen, mir nichts hochgekrempelt, und jetzt stehe ich genauso da wie Sie. Sogar die Unterhosen haben das gleiche Muster.
2. HERR: Worin besteht dann Ihre Überlegenheit?
1. HERR: Mit einem geringeren Energieaufwand habe ich das gleiche Resultat erreicht. Und dazu kommt natürlich noch mein Gefühl der inneren Freiheit, das ...
2. HERR: Noch ein Wort über die innere Freiheit, und Sie sind erledigt!
1. HERR *zurückweichend*: Ungerecht sind Sie! Schließlich steht es doch jedem frei, sich eine passende Philosophie auszusuchen.
2. HERR: Das ist ganz egal, ich halte das nicht mehr aus!
1. HERR: Ich warne Sie: Ich werde mich nicht verteidigen. Sich verteidigen, hieße eine Wahl treffen, und das kommt für mich nicht in Frage, im Namen der inneren F ...
2. HERR: Wie bitte? Weiter! In wessen Namen?
1. HERR *zögernd*: Im Namen der inneren Frei ... *Der zweite stürzt sich auf ihn. Der erste flieht über die Bühne* Rühren Sie mich nicht an!

Eine Tür öffnet sich; wieder erscheint die Hand, winkt beide zu sich. Der erste und der zweite bleiben plötzlich stehen.

2. HERR: Meinen Sie mich?
1. HERR: Gilt das mir?
2. HERR: Vermutlich sind Sie gemeint ...
1. HERR: Sie haben mit dem Streit angefangen, jetzt wird Ihnen recht geschehen.

2. HERR: Mir? Sie glauben noch immer, daß Ihre blöde Theorie besser ist?
1. HERR: Und Sie glauben, daß Ihr vulgärer Praktizismus, das Fehlen jeglicher Theorie, einer solchen Prüfung standhält? *Die Hand winkt beide herbei.*
2. HERR: Gehen wir besser hin! Sie will wieder was.
1. HERR: Gut, gehen wir! Gleich wird es sich zeigen, wer recht hat.

Sie nähern sich der Hand, diese schließt sie mit einer Handschelle aneinander. Sie zieht sich zurück, die Tür geht zu. Der zweite zieht den an ihn gefesselten ersten mit sich, läßt sich auf seinen Stuhl fallen. Schweigen.

1. HERR: Was soll das nun wieder? *Unruhig* Ist Ihnen nicht wohl? Glauben Sie, jetzt wird es ernst? So reden Sie doch!
2. HERR: Ich fürchte ...
1. HERR: Was?
2. HERR: Bisher hat uns die Hand eingeschränkt, nur was die Bewegungsfreiheit im Raum betrifft. Wer garantiert uns, daß nicht bald eine noch grundsätzlichere Begrenzung erfolgt?
1. HERR: Worin?
2. HERR: In der Zeit, in unserer Dauer. *Schweigen.*
1. HERR: Ich weiß es auch nicht. *Lehrhaft* Als Tatmensch erschöpfen Sie sich schneller. Ich dagegen bewahre meine ...
2. HERR *flehentlich*: Müssen Sie schon wieder damit anfangen?
1. HERR: Entschuldigung! Ich wollte Ihnen nicht zu nahe treten. Haben Sie einen Plan?
2. HERR: Es bleibt nur eine Möglichkeit.
1. HERR: Welche?
2. HERR: Die Hand um Verzeihung bitten.
1. HERR: Um Verzeihung bitten? Warum denn? Wir haben ihr doch nichts getan. Sie vielmehr müßte ...
2. HERR: Das ist doch völlig gleichgültig. Wir müssen sie um Verzeihung bitten, für alle Fälle, auch wenn keine Veranlassung besteht. Um uns zu retten. Wobei man nicht einmal weiß, ob es hilft.
1. HERR: Nein, dazu kann ich mich nicht hergeben. Ich brauche Ihnen wohl meine Gründe nicht zu erklären.
2. HERR: Klar, ich kenne das auswendig. Die Hand um Verzeihung bitten, hieße, eine Wahl treffen, und das würde Ihre Freiheit einschränken.
1. HERR: So ist es.
2. HERR: Machen Sie, was Sie wollen! Ich bitte um Verzeihung.

Man muß sich demütigen. Vielleicht hat sie es darauf abgesehen.

1. HERR: Ich wäre gerne mit von der Partie, aber meine Grundsätze ...

2. HERR: Ich habe meine Meinung bereits gesagt.

1. HERR: Ich glaube, daß ich einen Ausweg sehe. Sie zwingen mich, zusammen mit Ihnen um Verzeihung zu bitten. In diesem Falle bleibt mir keine Wahl. Ich werde einfach gezwungen.

2. HERR: Gut, betrachten Sie sich als unter einem Zwang stehend. *Eine Tür geht auf.*

1. HERR: Ich glaube, da kommt sie schon. *Es erscheint die Hand* Blumen müßte man haben! *Flüsternd* Sie fangen an! *Beide laufen zur Hand. Der zweite räuspert sich, bereitet sich auf das Reden vor.*

2. HERR: Teure Hand! Ich will sagen: hochverehrte teure Hand, wohl wissend, daß Sie nicht dazu da sind, uns zuzuhören, wünschen wir dennoch, Ihnen einige von Herzen kommende Worte ... ich wollte sagen, möchten wir Ihnen in die Hand hinein ... Wir hätten es vielleicht schon früher sollen, aber trotzdem bitten wir von ganzem Herzen, verzeihen zu wollen, daß wir ... *Flüsternd zum ersten* was denn nun eigentlich?

1. HERR: Daß wir da gegangen sind, so eilig, daß wir überhaupt ...

2. HERR: Daß wir da gegangen sind und uns auch noch so beeilt haben, daß ... Ich kann mich so schlecht ausdrücken, aber ich bitte ganz einfach um Verzeihung für alles, daß wir da waren, daß wir da sind, von ganzem Herzen für alles ... für das, was Sie, hochverehrte Hand, wissen und wir nicht, denn was kann unsereins schon viel wissen? Also, wenn so etwas vorliegen sollte, dann Entschuldigung! Verzeihen Sie bitte, es soll nicht wieder ... ich küsse Ihre Hand. *Küßt die Hand.*

1. HERR: Auch ich möchte nicht beiseite stehen, obwohl ich in einem gewissen Sinne nur gezwungenermaßen ... Meine Grundsätze, aber was brauche ich Ihnen viel zu erklären? Also, wiewohl gezwungenermaßen, so doch in aller Aufrichtigkeit, bitte ich grundsätzlich um Verzeihung. *Küßt die Hand. Währenddessen geht die andere Tür auf, in ihr erscheint eine zweite Hand, die ganz in einen roten Handschuh gekleidet ist. Sie befiehlt beide herbei. Der zweite nimmt sie zuerst wahr. Beide drehen sich mit dem Rücken zur ersten Hand.*

2. HERR: Da, schauen Sie!

1. Herr: Noch eine!
2. Herr: Es sind immer zwei.
1. Herr: Sie ruft uns.
2. Herr: Sollen wir gehen? *Die erste Hand setzt ihm einen kegelförmigen Papphut auf* Ich sehe nichts mehr!
1. Herr: Sie ruft uns. *Die Hand setzt ihm einen gleichen Hut auf* Jetzt ist es dunkel.
2. Herr: Wenn man gerufen wird, muß man gehen. *Einander stoßend und aneinander gelehnt, kommen sie zur Mitte der Bühne. Sie weichen immer wieder ab, nähern sich aber trotzdem mehr und mehr der zweiten Hand.*
1. Herr: Unsere Aktentaschen! Die haben wir ganz vergessen!
2. Herr: Richtig! Meine Tasche, wo ist denn meine Tasche. *Tasten blind nach ihren neben den Stühlen abgestellten Taschen, nehmen sie auf, treten hinter der zweiten Hand aus der Tür. Es wird dunkel.*

Karol

Personen:

Der Großvater
Der Enkel
Der Augenarzt

Auf der Bühne ein Kanapee, neben dessen Kopfende auf dem Fußboden ein Buch liegt. Zwei Stühle, ein Schränkchen; an der Wand ein Bogen weißen Papiers mit aufgedruckten Buchstaben- und Zahlenreihen in verschiedener Größe für augenärztliche Untersuchungen. Telephon, eine Tür. Auf dem Kanapee liegt der Augenarzt, ein Mann mittleren Alters; er ist Brillenträger, liest ein Buch. Man hört, wie an die Tür geklopft wird. Der Augenarzt erhebt sich.

DER AUGENARZT: Bittesehr!

Es treten ein der Enkel und der Großvater. Zuerst der Enkel, ein ungeschlachter, kräftiger Mann über Dreißig. Hinter ihm der Großvater, ein schmächtiger Greis mit einem Spitzbart, er trägt eine Doppelflinte über der Schulter.

DER ENKEL: Guten Tag, Herr Doktor. Das ist der Großvater.
DER AUGENARZT: Guten Tag, meine Herren. Der Großvater? Ein erstaunlich rüstiger Mann.
DER ENKEL: Mit ihm wollte ich zu Ihnen.
DER AUGENARZT: Die Herren kommen wohl von der Jagd? Ein kleiner Unfall? Etwas ins Auge gegangen?
DER ENKEL: I wo! Großvater wird erst schießen.
DER AUGENARZT: Ah so! Der Unfall ist also noch nicht eingetreten. Sie sind sozusagen prophylaktisch gekommen?
DER ENKEL: Bei uns geht das ohne Unfall. Opa schießt, und damit hat es sich.
DER AUGENARZT: Muß das sein?
DER ENKEL: Herr Doktor, der Großvater kann nicht anders.
DER AUGENARZT: Die entsprechenden Vorsichtsmaßnahmen vorausgesetzt, sehe ich keine Veranlassung für eine Konterindikation. Das Alter hat seine Rechte.
DER ENKEL: Eben! Aber eine Brille tät' er halt brauchen.
DER AUGENARZT: Die Sehschärfe läßt zu wünschen übrig?
DER ENKEL: Großvater sieht schlecht. Hat er seine Brille, dann kann er schießen.

DER AUGENARZT: Verstehe ich recht, so will er auf ein Ziel schießen.

DER ENKEL: Natürlich! Schauen Sie nur, Herr Doktor, er sucht schon danach.

Der Großvater, der bisher ruhig dastand, hat jetzt in gebückter Haltung, das Gesicht beinahe auf dem Fußboden, begonnen, das Zimmer Quadratmeter um Quadratmeter abzusuchen. Er wird dabei durch seine Kurzsichtigkeit offensichtlich stark beeinträchtigt.

DER AUGENARZT: Was sucht er denn?

DER ENKEL *ohne auf die Frage einzugehen*: Opa, nun gib schon Ruhe! Hier ist er doch gar nicht.

DER AUGENARZT: Wirklich, hier ist niemand außer uns.

DER ENKEL: Opa ist unbeirrbar in seinem Eifer. Ich kenne ihn.

DER AUGENARZT: Ein echter Patriot?

DER ENKEL: Das auch, aber hier geht es um Karl.

DER AUGENARZT: Um welchen Karl?

DER ENKEL: Das lassen Sie nur unsere Sorge sein, wir wissen schon, welchen wir meinen.

DER AUGENARZT: Ist es ein Bekannter von Ihnen?

DER ENKEL: Das wird sich herausstellen.

DER AUGENARZT: Wieso?

DER ENKEL: Wenn Großvater erst eine Brille hat, wird er ihn gleich erkennen.

DER AUGENARZT: Und wenn er ihn erkennt?

DER ENKEL: Brennt er ihm eins aufs Fell. Aber er braucht unbedingt die Brille, um ihn zu erkennen und dann auf ihn zu schießen. Deshalb sind wir ja zu Ihnen gekommen, Herr Doktor.

Währenddessen schaut der Großvater unters Kanapee, unter die Stühle, sucht überall, hat aber bisher seine Doppelflinte noch nicht von der Schulter genommen.

DER AUGENARZT: Aber ... hat denn dieser Herr Karl etwas Böses getan?

DER ENKEL: Woher soll man das wissen, wenn der Großvater keine Brille hat und ihn nicht erkennen kann?

DER AUGENARZT: Sie kennen ihn also überhaupt nicht?

DER ENKEL: Ich habe Ihnen doch gerade erklärt, daß wir ihn suchen.

DER AUGENARZT: Und Ihr Herr Großvater kennt ihn auch nicht?

DER ENKEL: Noch immer nicht kapiert? Großvater sieht nicht gut.

DER AUGENARZT: Aber wie sollen die Herren denn jemand erkennen, den Sie gar nicht kennen?

DER ENKEL: Wir können ihn doch nicht kennen, solange wir ihn nicht erkannt haben. Das ist doch wohl klar.

DER AUGENARZT: Aber warum muß es denn ausgerechnet ein Karl sein?

DER ENKEL: Ja meinen Sie denn, wir wollen auf jeden schießen, der uns über den Weg läuft? Sie Sadist. Es muß doch eine Gerechtigkeit geben.

DER AUGENARZT: Aber warum müssen Sie denn überhaupt auf jemand schießen?

DER ENKEL: Sie haben doch selber zugegeben, daß Opa schießen muß. Das Alter hat seine Rechte.

DER AUGENARZT: Aber man kann doch auf eine Scheibe schießen, in die Luft, oder, wenn es schon sein muß, auf Vögel ...

DER ENKEL: Auf was?

DER AUGENARZT: Auf Vögel, auf eine Scheibe.

DER ENKEL: Wer?

DER AUGENARZT: Wie, wer?

DER ENKEL: Ich frage Sie: wer soll auf eine Scheibe schießen?

DER AUGENARZT: Na, der Großvater.

DER ENKEL *als ob er seinen Ohren nicht trauen wolle*: Der Großvater?

DER AUGENARZT: Ja, der Großvater.

DER ENKEL: Da kennen Sie ihn aber schlecht.

DER AUGENARZT: Dann sollte man ihm überhaupt die Waffe abnehmen.

DER ENKEL *noch verwunderter*: Wem?

DER AUGENARZT *wird unsicher.*

DER ENKEL *erstaunt*: Dem Großvater?

DER AUGENARZT: Nun, ich habe mir gedacht ...

DER ENKEL: Opa, hast du gehört?

DER GROSSVATER *unterbricht für einen Augenblick sein Suchen, hält die Hand ans Ohr*: Ha?

DER ENKEL: Der sagt, man soll dir die Flinte wegnehmen.

DER GROSSVATER *nimmt das Gewehr von der Schulter*: Wo ist er?

DER ENKEL: Hier, neben dem Stuhl. Soll ich ihn festhalten?

DER AUGENARZT *geht schnell auf die andere Seite der Bühne*: Letzten Endes ist das Ihre persönliche Angelegenheit; ich mische mich da nicht ein.

Der Enkel: Da tun Sie gut daran. Die Flinte ist seit zwanzig Jahren geladen. So kann es nicht mehr weitergehen.

Der Augenarzt: Warum nicht?

Der Enkel: Fragen Sie den Großvater. Opa, der Herr ...

Der Augenarzt *ihn unterbrechend*: Nein, nein ... Wenn es nicht geht, dann geht es nicht. Offensichtlich geht es nicht.

Der Enkel: Man kann ruhig darüber diskutieren. Opa, der Herr ...

Der Augenarzt *unterbricht ihn wieder*: Nein, ich glaube Ihnen aufs Wort. Schließlich, wenn man ein Gewehr hat ...

Der Enkel: Genau! Muß man auch schießen. Vor dem Großvater hat schon sein Vater geschossen, mein Urgroßvater, und noch früher dem sein Vater. Alle haben sie geschossen.

Der Augenarzt: Nun gut, vielleicht beginnen wir in Anbetracht dessen mit der Untersuchung Ihres Herrn Großvaters.

Der Enkel: Jetzt reden Sie wie ein vernünftiger Mensch. Opa, komm doch ein bißchen näher. *Der Großvater tritt auf sie zu.*

Der Augenarzt: Wollen Sie bitte Platz nehmen! *Der Großvater setzt sich auf den ihm zugewiesenen Stuhl und hängt sich die Flinte wieder über die Schulter.*

Der Enkel: Paß jetzt schön auf, was der Herr Doktor sagt. Piff-paff machen wir später.

Der Augenarzt: Und das könnten wir für einen Augenblick ablegen. *Berührt unsicher das Gewehr. Der Großvater wehrt ihn unwillig ab* Nein? Gut, gut, wie Sie wünschen.

Der Enkel: Großvater trennt sich nie von seiner Flinte. Er putzt sie täglich. Wir in unserer Familie wissen, was wir uns schuldig sind.

Der Augenarzt *tritt an die Tafel und zeigt auf die Reihe mit den kleinsten Zeichen*: Können Sie das lesen?

Der Grossvater *versonnen*: Hei! Mit meinen eigenen Augen hab ich's gesehen, wie mein Vater selig ihm ein halbes Pfund Schrot mitten in den Bauch gejagt hat. Aus einer Entfernung von sechzig Schritt, sag ich euch. Der hat vielleicht gejammert.

Der Augenarzt: Haben Sie die Güte, sich zu konzentrieren. Bereitet Ihnen das Ablesen dieser Buchstaben Schwierigkeiten?

Der Grossvater *nach langem Nachdenken*: E, wahrscheinlich waren es doch nicht sechzig, sondern so um die fünfzig herum.

Der Enkel: Später, Opa, später. Jetzt mußt du aufpassen.

DER AUGENARZT: Also noch einmal. Können Sie das lesen?
DER GROSSVATER: Iii ... Nein.
DER AUGENARZT: Und das?
DER GROSSVATER: Auch nicht. Wo ist der Karl?
DER ENKEL: Opa, du mußt ein bißchen Geduld haben. Hör schön auf den Herrn Doktor, sonst gibt es kein Bummbumm auf den Karl.
DER GROSSVATER: Dem werd ich's zeigen!
DER AUGENARZT: Und das?
DER GROSSVATER: E ... Nein!
DER AUGENARZT *beruhigend*: Der Zustand ist noch nicht hoffnungslos. Untersuchen wir weiter. Und das?
DER GROSSVATER: Aber ich nehm doch lieber Kugeln. Schrot ist nichts für mich.
DER AUGENARZT: Und das?
DER GROSSVATER: E, Herr Doktor, wirklich ... Auch nicht.
DER AUGENARZT: Die Sehschärfe ist tatsächlich bedeutend geschwächt. Versuchen wir es jetzt damit. Können Sie das lesen?
DER GROSSVATER: Wo ich doch keine Brille hab'.
DER AUGENARZT *zum Enkel*: Wir werden schon Abhilfe schaffen. Darf man fragen, wie sich der Großvater die Augen so verdorben hat?
DER ENKEL: Er hat sie sich ja aus dem Kopf geschaut. Immer hat er Ausschaugehalten, ob der Feind nicht kommt. Und die Fensterscheiben bei uns sind halt schmutzig.
DER AUGENARZT: Ja, das strengt die Augen an.
DER ENKEL: Wie oft haben wir ihm gesagt: »Opa, wart doch mit diesem Ausschauhalten bis Ostern, da werden die Fenster gewaschen.« Aber er hatte es ja so eilig. Sogar geschlafen hat er mit offenen Augen. So ist er nun mal.
DER AUGENARZT: Kommen wir auf unseren Patienten zurück. *Zeigt auf die Reihe mit den größten Buchstaben* Und das?
DER GROSSVATER: Was?
DER AUGENARZT: Nun, lesen!
DER GROSSVATER: Lesen?
DER AUGENARZT: Ja!
DER GROSSVATER: Nein!
DER AUGENARZT: Einen Moment! *Zieht unter dem Kanapee eine Rolle weißen Papiers hervor, wickelt sie auf, heftet sie an die Wand. Mit schwarzer Farbe ist ein einziges riesiges A, fast in Menschengröße, darauf gemalt* Und jetzt?

DER GROSSVATER: Hab' ich einen Hunger.

DER AUGENARZT: Darum geht es jetzt nicht. Können Sie das lesen?

DER GROSSVATER: E ... Woher!

DER AUGENARZT *nimmt aus dem Schränkchen einen Kasten mit Brillen, setzt dem Großvater die erste auf. Die weiteren Fragen erfolgen in raschem Tempo*: Und jetzt?

DER GROSSVATER: Nein!

DER AUGENARZT *tauscht die Brille gegen eine andere aus*: Und jetzt?

DER GROSSVATER: Nein!

DER AUGENARZT *wie oben*: Und jetzt?

DER GROSSVATER: Nein!

DER AUGENARZT *wie oben*: Und jetzt?

DER GROSSVATER *kichernd*: Nein!

DER AUGENARZT *wie oben*: Und jetzt?

DER GROSSVATER *stärker kichernd*: Nein!

DER AUGENARZT *wird ungeduldig, packt den Großvater am Kragen und schleppt ihn vor das große A*: Und jetzt?

DER GROSSVATER *windet sich vor Lachen*: O, Jesses Maria!

DER AUGENARZT: Verdammt, was gibt es da zu lachen?

DER GROSSVATER: Kitzlig bin ich halt.

DER AUGENARZT *nimmt dem Großvater die letzte Brille ab, hebt bedauernd die Arme. Zum Enkel*: Da läßt sich, fürchte ich, nichts machen.

DER ENKEL: Wieso?

DER AUGENARZT: Ein ganz besonders schwerer Fall.

DER ENKEL: Weil Sie an die Sache nicht richtig herangehen. Großvater kann überhaupt nicht lesen.

DER AUGENARZT: Sie wollen sagen, daß er ein Analphabet ist.

DER ENKEL: Ohne persönliche Ausfälle, wenn ich bitten darf. Sie sind ein Alphabet, na und? Haben wir etwa Angst vor Ihnen? Nein, höchstens Sie vor uns!

DER AUGENARZT: Aber so war es doch nicht gemeint.

DER ENKEL: Na, wie denn?

DER AUGENARZT: Ich wollte nur wissen, ob überhaupt Lektüre im Bereich der Tätigkeiten liegt, welche der verehrte Erzeuger Ihres Vaters ...

DER ENKEL: Nehmen Sie sich in acht. Vielleicht war Ihr Großvater ein Erzeuger, aber nicht meiner. In unserer Familie hat es keine solchen Sauereien gegeben. Bei uns wurde geschossen.

DER AUGENARZT: Sie bringen ja alles durcheinander. Mir geht

es nur darum, ob Ihr Großvater überhaupt liest. Das ist doch ganz einfach.

DER ENKEL *würdevoll*: Werter Herr! Mein Großvater und auch ich, wir lesen niemals. Leuchtet Ihnen das ein? *Auf das riesige A weisend* Und Sie wollten einen armen Greis zwingen, sich mit geistiger Arbeit zu quälen, ihm Kopfschmerzen bereiten?

DER AUGENARZT *sich rechtfertigend*: Aber jetzt heißt es doch immer: Bildung dem Volke ... *Mittlerweile hat der Großvater wieder herumzusuchen begonnen.*

DER ENKEL: Ich habe eine Idee.

DER AUGENARZT: Wie belieben?

DER ENKEL: Zeigen Sie mal das da her!

DER AUGENARZT: Was soll ich zeigen?

DER ENKEL: Stellen Sie sich nicht dumm! *Geht auf den Arzt zu* Hergeben!

DER AUGENARZT *zurückweichend*: Ich verstehe nicht recht ...

DER ENKEL: Ihre Brille sollen Sie hergeben.

DER AUGENARZT *bemüht, der Sache eine scherzhafte Wendung zu geben*: Ha, ha, ha! Sie sind vielleicht ein Witzbold. In der Schule haben wir auch solche Sachen gedreht. Ich erinnere mich, wie wir einmal dem Mathematiklehrer Reißnägel auf den Stuhl ...

DER ENKEL: Stellen Sie sich nicht dumm. Ich habe Ihnen gesagt, nehmen Sie die Brille ab! Los!

DER AUGENARZT *förmlich*: Ich verbitte mir ein solches Benehmen. Meine Brille, das ist mein Privateigentum.

DER ENKEL: Wir zeigen Ihnen gleich Privateigentum! Opa!

DER AUGENARZT *erschrocken*: Nein, nein, nicht nötig.

DER ENKEL: Na?

DER AUGENARZT: Mit einem alten Mann muß man vorsichtig sein. In der Aufregung könnte er sich vergessen, sich unnötigerweise hinreißen lassen ... Ich verstehe das.

DER ENKEL: Wird es jetzt bald?

DER AUGENARZT: Schließlich kann ich sie Ihnen für einen Augenblick leihen. Aber nur für einen Augenblick. Ohne Brille bin ich fast blind.

DER ENKEL: Gut, gut, das hat nichts zu besagen. *Der Augenarzt nimmt die Brille ab und gibt sie dem Enkel. Der dreht sie einen Moment in den Händen, betrachtet sie* Eine schöne Brille.

DER AUGENARZT: Eine Zeissbrille.

DER ENKEL: Probieren wir mal die.

DER AUGENARZT *wirkt, nachdem er die Brille abgenommen hat, wehrlos. Seine Bewegungen sind unsicher; immer wieder macht er einen oder zwei Schritte und zögert dann, als sei er in der falschen Richtung gegangen*: Das ist meine Brille.

DER ENKEL: Opa, hierher, zu mir!

DER GROSSVATER *der sich von neuem auf die Suche gemacht hat und, die von der Schulter genommene Doppelflinte vor sich haltend, in alle Ecken schaut, reißt sich los und trabt, greisenhaft trippelnd, zu seinem Enkel*: Wo? Ist er da? Haben wir ihn erwischt?

DER ENKEL: Opa, sei doch nicht so zappelig. Jetzt setzen wir erst einmal diese Brille auf.

DER GROSSVATER: Und mir hat das Herz schon geklopft. Wie ein Hammer.

DER ENKEL: Großvater, schön gerade stehen. So, und jetzt die Bügel hinter die Ohren, wie der Herr Doktor es gehabt hat. *Tritt einen Schritt zurück* Und was sagst du jetzt?

DER GROSSVATER *verliert seine zittrige Unruhe, wird ernst und gesetzt, sieht sich aufmerksam und erstaunt um*: Gut, gut.

DER ENKEL *aufgeregt*: Wie? Gut, sagst du?

DER GROSSVATER *gewinnt immer mehr, was der Doktor verloren hat: Sicherheit der Bewegungen, Zielstrebigkeit des Blicks. Mit wachsender Zufriedenheit in der Stimme*: Gut!

DER AUGENARZT: Sehen Sie jetzt wirklich besser?

DER GROSSVATER *ihn forschend betrachtend*: Was ist denn das für einer?

DER ENKEL: Das ist der Herr Doktor.

DER GROSSVATER *ihn nicht aus den Augen lassend*: Der Herr Doktor?

DER AUGENARZT: Doktor med.

DER ENKEL: Ein Doktor, und kann dem Großvater nicht die richtige Brille verpassen!

DER AUGENARZT *sich rechtfertigend*: Ein erstaunlicher Zufall, ich hätte niemals geglaubt, daß . . .

DER GROSSVATER *fixiert immer noch den Doktor, tritt näher an ihn heran*: Mir schwant etwas . . .

DER ENKEL: Angehörige können einander doch am besten helfen.

DER AUGENARZT *sich nervös kämmend und seinen Anzug zurechtstreichend*: Ich freue mich ungemein, daß Sie Ihre Sehschärfe wiedergewonnen haben. Wirklich ungemein . . .

DER ENKEL: Opa, was ist denn? *Schweigen.*

DER GROSSVATER *macht ein paar Schritte nach rückwärts, wobei er weiter den Doktor beobachtet, winkt den Enkel zu sich*: Mir scheint, mir scheint ...

DER ENKEL *zu ihm laufend*: Hast du etwas herausbekommen?

DER AUGENARZT *läuft unruhig gestikulierend im Zimmer auf und ab*: Für den wahren Wissenschaftler ist es die allergrößte Freude, Zeuge des Triumphes seiner eigenen Methoden werden zu dürfen. Die blinden Naturkräfte zu unterwerfen, das freie Spiel der Elemente in die Ordnung zu zwingen, dies ist sein einziger und hinreichender Lohn. Dürfte ich um Rückgabe meiner Brille bitten? Auch ich bin kurzsichtig, und der Kopf beginnt mir bereits weh zu tun ... Auch könnte Ihren Augen das langanhaltende Tragen fremder Gläser zum Schaden gereichen. *Unterbricht seinen Spaziergang und versucht das Gespräch zwischen Großvater und Enkel zu belauschen.*

DER GROSSVATER: Mir kommt es so vor ...

DER ENKEL *erregt*: Was, Opa, was?

Der Großvater zeigt bedeutungsvoll auf den zuhörenden Augenarzt. Als dieser merkt, daß seine Absicht durchschaut ist, beginnt er wieder auf und ab zu gehen und tut, als sei er ganz mit dem Vortrag seiner Ansichten beschäftigt.

DER AUGENARZT: Erst von der heutigen Gesellschaft wird dem Wissenschaftler die ihm gebührende Achtung entgegengebracht. Vergessen Sie nicht, daß unsere Autorität seit den Zeiten des Paracelsus unermeßlich gewachsen ist. Wir sind es, die der Menschheit neue Wege weisen. Erbitte die sofortige Rückgabe meiner Brille. *Der Großvater reckt sich zum Ohr des Enkels empor und flüstert ihm etwas zu.*

DER ENKEL: Unmöglich! *Der Großvater flüstert weiter* Bist du ganz sicher?

DER GROSSVATER: Ho, ho!

DER AUGENARZT: Wer vermöchte vorauszusagen, von welchen Erfindungen unser Leben noch umgeformt wird? In welcher Richtung die einzelnen Zweige des Wissens sich entwickeln? Das Denken, diese Fähigkeit, die sogar den rohen Menschen so unendlich weit über die Tierwelt erhebt, ist die Grundlage dieser Erfolge. Und an der Spitze dieses großen Aufmarsches, dieser Prozession, die feierlich die Geschichte der Natur durchzieht, dieses Kreuzzugs der Vernunft gegen die Gefilde des Chaos und des Zufalls, schreiten die Priester der Wissenschaft, gehen wir, die wahren Führer einer Armee, deren Name »die Menschheit« lautet. Entschuldigung, ich muß einen

Augenblick hinaus. *Während seiner Rede hat er versucht, der Tür möglichst nahe zu kommen. Der Enkel vertritt ihm jedoch den Weg.*

DER ENKEL: Sie sind ja plötzlich ganz blaß geworden. *Stehen einander schweigend gegenüber.*

DER AUGENARZT: Blaß? wie merkwürdig.

DER ENKEL: Bleich wie eine Wand, oder – ha, ha, ha! – besser gesagt, eine Leiche.

DER AUGENARZT: Eine Metapher.

DER ENKEL: Kann sein. Mit der Bildung ist es bei uns nicht weit her. Aber mit dem Schießen.

DER AUGENARZT: Wo ist die Tür? Ich seh' nicht gut ... Ich habe einen solchen Nebel vor den Augen. Ich will hinaus. Sie selbst sagten, ich sei bleich.

DER ENKEL: Das stört uns nicht. Aber ich möchte Ihnen ein paar Fragen stellen.

DER AUGENARZT: Jetzt bin ich nicht disponiert. Um was geht es denn?

DER ENKEL: Sie wollten wohl fragen, um wen es geht?

DER AUGENARZT: Ich kenne niemand, bin nirgendwo Mitglied, besitze keine Adressen, habe Ihnen nichts zu sagen.

DER ENKEL: Aber wenn ich höflich frage?

DER AUGENARZT: Was wollen Sie denn wissen?

DER ENKEL: Warum meinten Sie, der Großvater solle auf Scheiben oder auf Vögel schießen?

DER AUGENARZT: Im Namen des Humanismus und eines den moralischen Grundsätzen des zwischenmenschlichen Zusammenlebens gemäßen Verhaltens.

DER ENKEL: Und warum wollten Sie, daß man dem Großvater seine Waffe wegnähme?

DER AUGENARZT: Weil ich dachte ... ich meinte, es könne gefährlich werden und deshalb ...

DER ENKEL: Gefährlich? Für wen denn?

DER AUGENARZT: Immerhin ein älterer Herr, aller Ehren wert, aber ausgezehrt von des Lebens Mühsal und daher mit verminderter Zurechnungsfähigkeit ... Ich kann mich selbstverständlich irren.

DER ENKEL: Ich frage noch einmal: Für wen gefährlich?

DER AUGENARZT: Nun, ganz allgemein, für alle.

DER ENKEL: Für alle? Schauen Sie mich an! Habe ich vielleicht Angst vor dieser Gefahr? Nein! Soll ich Ihnen sagen, warum?

DER AUGENARZT: Was weiß ich? Vielleicht fehlt es Ihnen an Phantasie.

DER ENKEL: Ich habe keine Angst, weil ich jemand Bestimmter nicht bin ... Wissen Sie, wer ich nicht bin? Na? K ... K ... Na, wird's bald!

DER AUGENARZT *stotternd*: K ... K ...

DER ENKEL: Na, Ka, Ka, Kar ...

DER AUGENARZT: Kar ... Kar ...

DER ENKEL: l ... Karl!

DER AUGENARZT: Karl?

DER ENKEL: Na, sehen Sie! *Schweigen.*

DER AUGENARZT *als spräche er zu sich selbst*: Nein, wäre doch lächerlich!

DER ENKEL: Kein einfacher, anständiger Mensch auf der Welt hat etwas dagegen, daß Opa schießt. Ein gutes Gewissen ist ein sanftes Ruhekissen. Aber Karl! Der zittert vor Angst. Und er hat allen Grund. Denn er weiß, daß wir ihn überall erkennen, und vor allem jetzt, wo Opa eine Brille hat.

DER AUGENARZT *hysterisch*: Warum laßt ihr mich nicht hinaus? Das ist undemokratisch.

DER ENKEL: Es wird immer besser. In diesem Augenblick gehen Millionen einfacher, friedliebender Menschen hin, wohin sie wollen. Nach eigenem Gutdünken gehen sie durch allerlei Türen, durch gewöhnliche, durch solche mit Scharnieren, durch Schiebe- oder Drehtüren, durch Türen, die aus Glasschnüren bestehen, oder sie schieben, in Ermangelung einer Tür, eine Matte beiseite. Lustig, frei und unablässig ertönt überall in der Welt das Schlagen und Schwingen dieser Türen. Nur Sie, mein Herr, gehören nicht zur fröhlichen Schar. Ist das unsere Schuld?

DER AUGENARZT: Was habt ihr gegen mich?

DER ENKEL: Sie sind Karl.

DER AUGENARZT: Nein!

DER ENKEL: Wer hat Einwände erhoben, als ich sagte, die Flinte sei seit zwanzig Jahren geladen und so könne es nicht weitergehen? Wer wollte Großvater zum Lesen zwingen?

DER AUGENARZT: Aber das ist doch Unsinn!

DER ENKEL: Wer verweigerte dem hilflosen Greis die passende Brille? Sie sind Karl.

DER AUGENARZT: Nein! Ich kann es beschwören. *Sucht fieberhaft in seinen Taschen* Ich zeige Ihnen meinen Personalausweis.

DER ENKEL: Ausweis hat nichts zu besagen. Großvater hat dich erkannt, Karl.

DER AUGENARZT: Großvater kann sich täuschen.

Der Enkel: Opa, fangen wir an! *Der Großvater entsichert die Doppelflinte.*

Der Augenarzt: Meine Herren, warten Sie doch. Das ist ein Irrtum, ein tragisches Mißverständnis. Ich sage doch nicht, Karl sei unschuldig. Im Gegenteil, er muß ein ausnehmend widerlicher Bursche sein. Aber warum gerade ich? Herr Großvater möge sich doch zuerst umsehen, alle Möglichkeiten abwägen. Für mich habt ihr immer noch Zeit. Meine Sprechstunde ist an allen geraden Tagen von zwei bis sechs. Da bin ich euch sicher. Aber mittlerweile könnt ihr euch umtun. Ehrenwort, das lohnt sich. Denn inzwischen sitzt der wirkliche Karl im Warmen und trinkt seine Milch und lacht sich ins Fäustchen, der abscheuliche Kerl. Das ist euch wohl noch gar nicht in den Sinn gekommen?

Der Enkel: Vielleicht gibt es wirklich nicht nur einen solchen Karl auf der Welt. Vielleicht gibt es zwei oder drei. Opa, wenn wir den fertiggemacht haben, suchen wir für alle Fälle weiter.

Der Augenarzt: Zwei? Drei? Zehn, hundert, alle können Karl sein, nur ich nicht. Und Sie verlieren so viel Zeit ausgerechnet mit dem einen, der bestimmt kein Karl ist, während die anderen sich's gut sein lassen und lumpen.

Der Enkel: Opa, das ist ein Gedanke, warum sollte es bloß einer sein? Hast du denn genügend Munition?

Der Grossvater: Es langt. Für alle reicht's.

Der Enkel *sich die Hände reibend*: Prima, prima! *Läuft zum Großvater und umarmt ihn vor Freude* Das ist eine Idee, Opa, jetzt schießen wir wie auf einer Kirmes.

Der Augenarzt: Ja, schießt nur, schießt aber nicht auf mich.

Der Enkel: Ich meine, zuerst Schrot und dann eine Kugel.

Der Grossvater: Gut.

Der Augenarzt: Nein, nein! *Wirft sich auf den Boden, verkriecht sich unterm Kanapee. Großvater und Enkel bücken sich, um ihn dort auszumachen* Lassen Sie mich aus dem Spiel. Ich bin gar kein Gegner des Schießens. Schießen ist gesund, schießen ist sportlich. Nicht auf Scheiben, nicht auf irgendwelches Federvieh, das ist natürlich nichts für einen richtigen Mann, das verstehe ich. Ich bin auch dafür. Ich wundere mich bloß, daß der würdige Greis nur eine Flinte hat und nur mit einem Doppellauf. Acht müßte er haben und jede dreiläufig. Ihm stände es zu. Aber so wartet doch und hört mich an!

Der Grossvater *auf allen vieren und mit der Flinte unters Kanapee zielend*: Sauerei, zu schummerig.

DER ENKEL: Ich kann ja 's Kanapee wegrücken.

DER AUGENARZT: Ich will doch nichts für mich. Auch die Brille will ich nicht zurückhaben. Herr Opa, die können Sie behalten. Aber Gerechtigkeit will ich, das verlange ich. Nicht mich, sondern den Karl nehmt euch vor!

DER GROSSVATER: Ein Streichholz steck an, dann erwisch ich ihn. *Der Enkel zündet ein Streichholz an und nähert sich damit dem Kanapee. Der Doktor bläst es ihm aus und verkriecht sich wieder unters Kanapee.*

DER AUGENARZT: Und, meine Herren, drum sag ich's noch einmal: Es lebe die Schießkunst. Aber ich kann mich einfach nicht damit abfinden, daß die schöne und edle Idee des Schießens durch einen fatalen Fehler des Schützen entstellt werden soll. Meine Herren, ich bin nicht der, dem der Schuß gebührt.

DER GROSSVATER: Es bleibt nichts anderes übrig. Ich pfeffre ins Dunkle hinein.

DER ENKEL *auf die Seite tretend*: Opa, mehr in die Mitte.

DER GROSSVATER: Jetzt krieg ich ihn! *Legt wieder an. Pause. Der Augenarzt unter dem Kanapee schwenkt ein weißes Tüchlein.*

DER ENKEL: Wart, das heißt, er kommt gleich heraus.

DER GROSSVATER *seufzend*: Oh, die jungen Leute heutzutage!

DER AUGENARZT *kriecht hervor, stellt sich vor die beiden*: Gut, ich packe aus.

DER ENKEL: Na?

DER AUGENARZT: Er kommt hierher.

DER ENKEL: Wer?

DER AUGENARZT: Karl. Der richtige Karl.

DER ENKEL: Wann?

DER AUGENARZT: Gleich. Eigentlich sollte er schon da sein.

DER GROSSVATER *zum Enkel*: Schießen?

DER ENKEL: Opa, gleich! *Zum Augenarzt* Wie wollen Sie beweisen, daß der, der kommt, ein größerer Karl ist als Sie?

DER AUGENARZT: Weil er verschiedenes über Sie gesagt hat.

DER ENKEL: Was denn?

DER AUGENARZT: Oh, so allerhand.

DER ENKEL: Was heißt das?

DER AUGENARZT: Muß ich es sagen?

DER ENKEL: Ja.

DER AUGENARZT: Er hat behauptet, Sie seien Mörder.

DER ENKEL: Ah! Und was noch?

DER AUGENARZT: Daß der alte Herr ein blutgieriger, verkalkter Kretin sei ...

Der Enkel: Was?

Der Augenarzt: Ich wiederhole es ja nur. Und über Sie hat er gesagt, Sie seien ein degenerierter Einfaltspinsel und als solcher ein würdiger Sprößling Ihrer Familie. Muß ich noch weitersprechen?

Der Enkel: Los!

Der Augenarzt: Er hat gesagt, allein die Tatsache eurer Existenz sei ein hinreichender Beweis für die Sinnlosigkeit und Bösartigkeit dieser Welt und zwar in einem solchen Maße, daß selbst von euch ermordet zu werden eine große Erleichterung darstelle und ein ausgezeichnetes Mittel bilde, um mit euch fürderhin nicht mehr teilen zu müssen, was den Menschen gemeinsam ist.

Der Enkel: Opa, hast du das gehört?

Der Grossvater: Karl, Karl, wie er leibt und lebt!

Der Enkel: Und was hat er noch gesagt?

Der Augenarzt: Er sagte auch . . . Aber ich weiß ja nicht, ob es stimmt, daß Sie . . . Nein, es will mir nicht über die Zunge.

Der Enkel: Ich befehle, mir nichts zu verheimlichen.

Der Augenarzt: Aber ich kann es wirklich nicht sagen.

Der Enkel: Heraus mit der Sprache! Er wird es mir auf jeden Fall büßen.

Der Augenarzt: Er hat gesagt, daß Sie rülpsen. *Schweigen.*

Der Enkel: Dieser Hundsfott! Und warum sagen Sie das alles erst jetzt?

Der Augenarzt: Weil es mir erst jetzt wie Schuppen von den Augen gefallen ist. Meine Herren, ich muß gestehen, daß mir vor Ihrer Ankunft die Idee der Karlerei fremd war. Aber im Verlauf der Diskussion gingen mir die Augen auf. Ich bin nicht Karl. Sie wollten mir das nicht glauben, schade! Aber ich kann den Gedanken nicht ertragen, daß nach meinem Tode der wirkliche Karl ungeschoren bleibt und Sie verlacht. Denn welche Gewähr könnte ich haben, daß dem nicht so ist. Täuschten Sie sich doch bereits einmal im Hinblick auf meine Person, indem Sie mich für Karl hielten. Wie leicht könnten Sie nun den wirklichen Karl für mich, das heißt, für einen Unschuldigen halten. Nicht mein Leben liegt mir am Herzen, sondern die Gerechtigkeit. Sie selbst sagten, gerecht müsse es zugehen, und man könne nicht auf jeden schießen, der einem über den Weg läuft. Als ich unter dem Kanapee lag, dachte ich mir: O Gott, welch ein Jammer, daß diese Herren, statt sich auszuruhen, jetzt Karl verfolgen und nicht wissen, wie vergeblich all ihr Bemühen ist. Da begann ich mich innerlich aufzulehnen und die Reste meiner früheren Pseudomoral zu überwinden. Und so beschloß ich, alles zu sagen.

DER ENKEL: Nun passen Sie mal auf! Daß Sie Karl sind, das ist eine andere Sache. Großvater hat Sie erkannt, und Großvater täuscht sich nicht. Aber es stimmt, daß es mehr als einen Karl geben kann. Warten wir also hier ab. Kommt er nicht, verpassen wir Ihnen eine Ladung und gehen. Kommt er, erledigen wir ihn und sehen dann weiter. Vielleicht haben Sie eine ganze Organisation. Zu welchem Zweck kommt er denn überhaupt hierher? Raus mit der Sprache!

DER AUGENARZT: Er ist eben mein Patient, wie der Herr Großvater.

DER ENKEL: Opa, den kriegen wir am besten vom Anstand aus.
Der Enkel stellt einen Stuhl der Tür gegenüber auf. Der Großvater kniet sich dahinter und zielt auf den Eingang. Der Enkel postiert sich im Hintergrund hinter dem Schränkchen. Der Augenarzt setzt sich erschöpft aufs Kanapee und wischt sich mit dem Taschentuch über die Stirn. Dann verbirgt er sein Gesicht in den Händen. Während der nun beginnenden Wartezeit wird es auf der Bühne allmählich dunkler.

DER ENKEL: Er läßt sich nicht blicken.

DER AUGENARZT: Es ist ein älterer Herr. Er geht sehr langsam.
Schweigen.

DER ENKEL: Aber er müßte schon da sein.

DER AUGENARZT: Er kommt bestimmt. Sonst ist er immer sehr pünktlich. Ein sehr freundlicher Herr ... *Schweigen.*

DER ENKEL: Etwas daran gefällt mir nicht.

DER AUGENARZT: Warum? So schönes Wetter hatten wir heute ... Ein wundervoller Sonnenuntergang.

DER ENKEL: Langweilig ist's hier.

DER AUGENARZT: Vielleicht soll ich etwas vorlesen? *Ohne eine Antwort abzuwarten, schlägt er ein Buch auf und beginnt, es nahe vor die Augen haltend, zu lesen* »... den Wanderer, der sich vom Tal, also vom Südosten her nähert, begrüßt eine zauberhafte Landschaft. Die mit Weingärten bedeckten Abhänge bieten eine Gewähr dafür, daß nicht nur wundervolle Fernblicke, die Reinheit der Luft und die Buntheit der mannigfaltigen Blumen ihren Beitrag zu dem Gastmahl liefern werden, mit dem dieser Landstrich den Ankömmling empfängt. Fürwahr, nicht nur geistige Genüsse in Fülle erwarten hier jeden, der sein Herz dem Schönen und Guten offenhält. Die Einheimischen zeichnen sich, obwohl nur von mittlerem Wuchs, durch einen harmonischen Körperbau . . .«

Der Enkel: Schluß damit!

Der Augenarzt: Wie Sie meinen. *Schlägt das Buch zu.*

Der Enkel: Sollen wir denn noch lange warten?

Der Augenarzt: Im Warten liegt der ganze Reiz der Jagd. Soll ich vielleicht Kaffee kochen?

Der Enkel: Nicht nötig. Wir trinken nie Kaffee. *Schweigen. Der Augenarzt sitzt zunächst regungslos und schleicht dann auf Zehenspitzen im Zimmer herum. Ganz allmählich dunkelt es weiter.*

Der Enkel: Was ist los?

Der Augenarzt: Eine Fliege. *Er macht die typischen Bewegungen, schleicht sich an, ein rasches Ausholen mit der Hand, schließt die Handfläche, hat die Fliege verfehlt.*

Der Enkel *interessiert*: Ham Sie sie?

Der Augenarzt: Davongeflogen. Da ist sie wieder. *Schweigen. Der Großvater hört auf, die Tür zu fixieren, da ihn die Verfolgung der Fliege unwillkürlich fesselt.*

Der Enkel: Von links ran!

Längere, von der Pantomime des Augenarztes ausgefüllte Stille. Dieser ist eifrig, bald schleichend, bald rasch laufend, auf die Verfolgung der Fliege konzentriert. Da ihm die Brille fehlt, läßt er sich vor allem von seinem Gehör leiten. Die Fliege setzt sich schließlich auf die Flinte des Großvaters, der, immer noch hinter dem Stuhl kniend, lediglich durch Kopfbewegungen an der Jagd Anteil nimmt. Der Enkel beugt sich hinter dem Schrank hervor und beobachtet die Szene gespannt. Der Augenarzt nähert sich der Flinte, lauert vor ihr. Dies ist der Augenblick der höchsten Spannung. Plötzlich macht er mit der Hand eine blitzschnelle Bewegung den Flintenlauf entlang und steht dann regungslos mit geschlossener Faust. Er schaut auf den Großvater, dann auf den Enkel und öffnet allmählich die Hand.

Der Augenarzt: Wieder weg! *Hinter der Tür näherkommende Schritte. Es ist bereits ziemlich dunkel.*

Der Enkel *triumphierend*: Er kommt!

Der Grossvater *stößt ein Art Gejodel aus*: Hallalii! *Der Augenarzt wirft sich aufs Kanapee und steckt den Kopf unters Kissen.*

Der Enkel *emphatisch*: Opa, deine große Stunde!

Der Grossvater: Wie mein Vater, wie mein Urahn . . .

Der Enkel: Rufen wie aus einem Munde.

Der Grossvater: Auf zum Kampfe, auf zum Streit! *Es klopft. Fragend zum Enkel* Soll ich?

DER ENKEL: Momentchen! *Zieht unter der Jacke ein Horn hervor und bläst einige Töne eines munteren Signals. Es klopft wieder* Eingetreten! *Die Tür geht langsam auf. Der Großvater schießt aus beiden Läufen. Stille. Der Enkel läuft aus seiner Ecke hinter dem Schrank hervor, schaut bei der offengebliebenen Tür nach* Der hat genug!

DER GROSSVATER *legt langsam die Flinte weg und streckt sich*: Jetzt ist mir's leichter.

DER ENKEL *herzhaft gähnend*: Es war höchste Zeit.

DER GROSSVATER *zeigt auf den Augenarzt, der immer noch mit dem Kopf unterm Kissen bewegungslos daliegt*: Und was machen wir mit dem?

DER AUGENARZT: Meine Brille!

DER GROSSVATER: Mir ist ein Stein vom Herzen gefallen.

DER ENKEL: Siehst du, Opa, die Welt ist doch nicht so übel.

DER AUGENARZT *setzt sich langsam auf*: Fertig?

DER ENKEL *klopft ihm auf die Schulter*: Freilich! Da liegt er.

DER AUGENARZT *geistesabwesend*: Ja ... Ja ... Und wie fühlt sich der alte Herr?

DER ENKEL: Großvater? Er war noch nie in so guter Stimmung. Sie haben ihn geheilt, Herr Doktor. Er brauchte einen Karl.

DER AUGENARZT *immer noch wie im Schlaf*: Freut mich, fühle mich geehrt.

DER ENKEL: Großvater, na dann machen wir uns langsam auf den Weg. Vergiß aber nicht, vorher beide Läufe zu laden.

DER AUGENARZT: Schon wieder?

DER ENKEL: Wir schauen dann später bei Ihnen vorbei. *Schweigen.*

DER AUGENARZT: Mmm ... Wollen Sie sich denn noch einmal bemühen?

DER ENKEL: Es muß sein. Vielleicht kommt noch einmal ein Karl zu Ihnen, und selbst wenn nicht ...

DER AUGENARZT: Aber ich dachte ...

DER ENKEL: Sie meinten, wir kämen nicht wieder, was? Munition haben wir, eine Brille haben wir, Hauptsache, man bleibt gesund.

DER AUGENARZT: Wann darf ich also mit Ihrem Besuch rechnen?

DER ENKEL *ihm scherzhaft mit dem Finger drohend*: Ei, ei, nur nicht so neugierig sein. Kann sein morgen, kann sein in zwei Tagen oder in zehn Minuten. Um einem Karl eins zu verpassen, ist jeder Augenblick der rechte – heißt unsere Parole.

DER AUGENARZT *sitzt resigniert auf dem Kanapee, den Kopf in beide Hände gestützt*: Dann geht's wieder los . . .

DER ENKEL: Nu, Opa, 's Gewehrchen geschultert und marsch. Was sind wir schuldig?

DER AUGENARZT: Kleinigkeit. Das erledigt die Krankenkasse.

DER ENKEL *ihm ein Kärtchen reichend*: Unsere Telephonnummer. Im Falle des Falles . . .

DER GROSSVATER: Heil, junger Mann, heil. Und merk dir, was ein alter Mann dir sagt: auf das Heiße mußt du blasen, auf das Kalte hauchen, aber auf den Karl . . .

DER ENKEL *ungeduldig*: Vorwärts, Opa, vorwärts! *Sie gehen. Der Enkel läßt den Alten voran, unter der Tür dreht er sich noch einmal um und geht zum Augenarzt zurück* Und wenn Sie wieder mal was hören sollten . . .

DER AUGENARZT: Bitte? *Sehen einander schweigend an.*

DER ENKEL: Wir kommen nämlich wieder. *Geht, bleibt unter der Tür stehen, und während er auf etwas blickt, was hinter der Tür liegt, sagt er zu sich selbst* Und so etwas hat behauptet, ich rülpse. *Geht endgültig. Der Augenarzt bleibt zunächst in seiner bisherigen Haltung. Es ist noch dunkler geworden. Dann erhebt er sich, geht hinaus und zieht eine leblose Gestalt ins Zimmer. Zu ihrer Darstellung ist eine Kleiderpuppe und kein Schauspieler zu verwenden. Er legt die Puppe aufs Kanapee, faltet ihr die Hände auf der Brust und untersucht ihr dann gewissenhaft die Augen.*

DER AUGENARZT: Bei ihm hätte sich ohnedies unheilbar die Hornhaut gelöst. Allerdings hat möglicherweise der Schock infolge des Schusses die Sache beschleunigt. Aber wer weiß, vielleicht wäre er morgen auf der Treppe gefallen, das hätte die gleichen Folgen für seine Augen haben können. So oder so, viel wär da nicht zu machen gewesen. *Pause* Schließlich hätte er ja nicht zu kommen brauchen. Er war nicht für heute bestellt. Ich habe auch etwas riskiert. *Pause* Ich bin zwar kurzsichtig, aber ich lebe noch. *Das Telephon klingelt. Er nimmt den Hörer ab* Hallo? . . . Ja . . . Bittesehr . . . Gut, bitte . . . Von zwei bis sechs . . . Wie es Ihnen am besten paßt . . . Um vier Uhr? Gut, sehr gut! Morgen um vier also. Und machen Sie sich keine Sorgen, wir werden Ihnen schon helfen. Darf ich noch um Ihren Namen bitten. Ich trage Sie gleich in die Liste meiner Patienten ein. *Zieht aus der Tasche Bleistift und Block, notiert* Bitte, ja. Vorname: Karl? *Notiert den Vornamen, wiederholt ihn automatisch* Karl! Wie bitte? . . . Nein, ich habe nichts gesagt. Karl! . . . Ja also auf morgen, um vier. *Legt den*

Hörer auf, entfernt sich vom Telephon, schaut auf die Uhr, blickt nach der Tür, horcht an der Tür, öffnet sie plötzlich, um festzustellen, ob niemand lauscht, denkt nach, läuft dann zum Telephon, wählt eilig eine Nummer Hallo, hallo? Wer ist am Apparat? Opa? Opa, hier spricht der Doktor. Ja, der Doktor. Wie, welcher Doktor? *Überaus liebenswürdig* Opa erkennt mich nicht? Opa erkennt sein Doktorchen nicht? ... Na endlich, also Opa, morgen um vier Uhr. Ja, morgen um vier Uhr. Er wird bei mir sein ... Wer? Wie denn, wer? ... Karl natürlich. Na denn tschüs, auf morgen, tschüs, Opa! *Legt den Hörer auf, geht zum Kanapee, zieht die Kleiderpuppe herunter, stopft sie unters Kanapee, legt sich hin, schlägt ein Buch auf und liest wie am Anfang.*

Der dankbare General

Es war kalt, und in den verschneiten Alleen des Parks begegnete mir keine Menschenseele. Dies war wohl nicht die richtige Zeit zum Spazierengehen. Wir befanden uns mitten im tiefsten Winter, und so herrschte ein grimmiger Frost. Obwohl es erst kurz nach Mittag war, lungerte die Dämmerung schon in der Nähe herum. Meine Phantasie jedoch war voller Bilder aus dem sonnigen Hellas, dessen Liebhaber ich vielleicht von Geburt an bin, wobei diese Vorliebe durch die Art meiner Bildung wie meiner Beschäftigung immer wieder von neuem bekräftigt wird.

Durch die Hauptallee näherte ich mich der Gegend um den Pavillon, wo während des Sommers Lachen und Stimmengewirr erklingen und ein Orchester spielt, jetzt aber die Öde gähnte. Das runde Dach stützt sich auf ionische Säulen. Ich stieg auf das Podest und blickte melancholisch in die Tiefe des Parks. Da nahm ich durch das nackte Netz der Ruten, Zweige und Äste eine Art Flimmern wahr, eine sich wiederholende, ziemlich rasche Bewegung. Rasch erkannte ich die Gestalt eines Militärs, der sich auf dem nahegelegenen zugefrorenen See einsam dem Schlittschuhlaufen hingab. Da ich von Natur menschenscheu bin, verursachte mir dieser Anblick ein instinktives Unbehagen. Auf Grund meiner Empfindsamkeit liebe ich es, mich abzusondern, um nachzusinnen; alle robusten Vergnügungen dagegen sind mir, vor allem, wenn sie auch noch im Freien stattfinden, zuwider. Um so mehr als ich hier eine Militärperson vor mir hatte, ein Individuum also, das sich in besonderem Maße durch Gesundheit und Schneid auszeichnet. Diesen Reflex der Abneigung überwand ich jedoch ziemlich rasch, indem ich mir sagte, ein Soldat auf der Eisbahn sei etwas ganz Normales, und es bestehe für mich keine Veranlassung, mich in meinem Nachsinnen gestört zu fühlen. So versenkte ich mich wieder gesammelt in meine Lieblingsmeditation über den starken Willen des Demosthenes, der seinen Sprachfehler überwand, indem er sich einen Stein in die Mundhöhle schob. Die Tatsache, daß es möglich ist, in solchem Maße an der Gestaltung des eigenen Ich zu arbeiten und selbst die folgenschwersten Fehler der Natur zu korrigieren, erfüllte mich schon nach einem Augenblick, wie gewöhnlich, mit der Hoffnung, daß auch ich, entsprechende Anstrengungen vorausgesetzt, in Kürze ein ganz anderer Mensch sein könne. Leider mußte ich gerade in diesem Augenblick feststellen, daß der Schlittschuhläufer, der sich bei der Ausführung seiner geschickten Schnörkel hinter der durchbrochenen Scheidewand des Gesträuchs meinem Platz beträchtlich genähert hatte, keine gewöhnliche Uniform trug, sondern ein Offizier war. Diese Wahrnehmung brachte mein soeben erst erworbenes inneres Gleichgewicht wieder in Gefahr, wodurch ich mich um so mehr irritiert fühlte, als keine Veranlassung zu der Annahme bestand, der Umstand, daß der Schlittschuhläufer Offizier war und nicht Mannschaftsdienstgrad hatte, habe eine besondere Bedeutung. Und dies um so weniger, als ich ohnedies keine künstliche Hierarchie anerkenne.

Es kostete mich eine gewisse Mühe, wieder zum Altertum zurückzufinden. Jetzt befaßte ich mich jedoch nicht mehr mit Demosthenes, sondern mit den herrlichen Taten des Herkules. Die Leichtigkeit, mit der dieser Held der Mythologie z. B. die Schlange besiegt hat, erfüllte mich mit Bewunderung und Zuversicht, erschien mir als ein offensichtlicher Beweis dafür, daß sogar ich mit einigem Mut alle Schwierigkeiten zu überwinden vermöchte. Aber meine Sehnerven schienen sich von meinem Willen unabhängig gemacht zu haben, denn schon nach einem Augenblick ließen sie mir die Wahrnehmung zum Bewußtsein kommen, ich habe hier nicht einen gewöhnlichen Offizier, sondern einen höheren, vermutlich einen Stabsoffizier vor mir.

Soll er doch Stabsoffizier sein! Was kümmert's mich! fuhr ich mich unwillig an. Gerade ein Stabsoffizier braucht Bewegung, nachdem er, tagelang über die Karten gebeugt, strategische Pläne ersonnen hat. Kein Wunder also, wenn er gerne Schlittschuh läuft. Gleichzeitig jedoch tasteten meine Finger nach den Mantelknöpfen. Sie schlossen einen und stellten fest, daß die beiden andern fehlten. Dementsprechend zupfte ich lediglich mein Halstüchlein zurecht. Niemand war in der Umgebung, aber die Autorität der Obrigkeit ist eben so groß, daß sie imstande wäre, den Menschen sogar in einer Wüste zu überwältigen. Dennoch trug mich der Flug des freien Gedankens bald wieder in die Welt des Altertums zurück.

Vielleicht diesmal sogar ein wenig zu weit, denn ich griff jetzt nach dem Beispiel des Minotaurus, jenes Halbstiers, der über einen geradezu dämonischen Vorrat an Lebenskräften verfügte. Nach kurzer Betrachtung schon erfüllte mich von neuem die Hoffnung . . . aber der Gedankenfaden riß immer wieder ab, da der Schlittschuhläufer meine Aufmerksamkeit zu sehr in Anspruch nahm. Schick läuft er, stellte ich fest, während ich die

Silhouette, von der die Epauletten etwas abstanden, beobachtete, wie sie im raschen Flug bald hier, bald dort auftauchte und das Arabeskenwerk der toten Zweige mit farbigen Tupfen besprenkelte. Kaum hatte ich mir diese Formulierung zurechtgelegt, als ich ein dumpfes Krachen vernahm und die bisher so bewegliche Gestalt, wie vom Erdboden verschluckt, verschwunden war. Aber da war keine Zeit für langes Nachdenken. Eilends verließ ich den Pavillon, durchbrach das Gebüsch, lief zum See und sah, wie aus dem frischen Eisloch zwei goldbebortete Ärmel hervorragten und wie sich die Finger des Eingebrochenen am Rande des Eises festkrampften. An einem dieser Finger befand sich ein goldener Siegelring.

Ich schaute mich um. In dem schon bläulich werdenden Park war keine lebende Seele. So stand fest, daß ich allein ihn retten konnte und daß dies sogar meine Pflicht war. Ich muß bekennen, daß ich kein Mann der Tat bin, anders ausgedrückt, daß ich mich nur ungern im Zentrum der Ereignisse befinde. Es wäre mir lieber gewesen, hätte sich ein anderer gefunden, um den Unglückseligen aus dem kühlen Naß zu ziehen. Mit Freuden hätte ich mich bei dieser Gelegenheit behilflich gezeigt und zum Beispiel den Ohnmächtigen am Bein gehalten oder was immer man in solchen Fällen tun mag. Es mißfiel mir überaus, daß mit dem plötzlichen Eintreffen eines solchen Retters nicht zu rechnen war. Jener aber wollte sich nicht in die Tiefe sinken lassen, sondern hielt sich immer noch krampfhaft am Rande fest, wobei von unten zahllose Blasen aufstiegen und mit geheimnisvollem Kullern an der Oberfläche platzten.

Ich zog den schlittschuhlaufenden Stabsoffizier zunächst an den Ärmelborten, dann an seinem Backenbart und an den Epauletten heraus. Als er bereits auf dem festen Lande lag und sein Angesicht dem Himmel zukehrte, der jetzt, da es dem Abend zuging, milchig und bleiern aussah, da erst begriff ich die Tragweite des Ereignisses. Der da vor mir lag, war Seine Exzellenz, der Generalgouverneur, der sich inkognito auf der Eisbahn hatte tummeln wollen und sein Bedürfnis nach Bewegung und Entspannung beinahe mit dem Leben hätte bezahlen müssen. Leider war die einzige Atmung, die ich in Anwendung zu bringen vermochte, die künstliche. Gerade an diese Einzelheit erinnere ich mich mit Widerwillen, denn schon auf Grund der Naturordnung mußte alles an Seiner Exzellenz ganz echt sein. Während ich rhythmisch seine Arme hob und senkte, hatte ich das Gefühl der Unangebrachtheit, so als ob ich ihm z. B. Kunsthonig verabreicht hätte und nicht echten, soeben aus den Stöcken genommenen Bienenhonig. Sobald er die Augen öffnete, nahm ich den Hut ab und stand respektvoll stramm.

Er wrang sich das Wasser aus Schnurr- und Backenbart, setzte sich auf und zog sein Notizbuch aus der Tasche.

»Niemals werde ich Ihnen vergessen, daß Sie mir das Leben gerettet haben«, sagte er. »Deshalb will ich Ihren Namen und Ihre Adresse aufschreiben. Haben Sie einen Wunsch? Wie geht es Ihnen?«

»Man hat's nicht leicht im Leben«, sagte ich. »Vor allem die zwischenmenschlichen Beziehungen lassen viel zu wünschen übrig. Die Menschen wollen einander nicht wohl. Was mich betrifft, so versuche ich, eine höhere Stufe zu erklimmen; dabei erweisen mir Beispiele aus dem Altertum einen großen Dienst. Ich arbeite an mir selbst. Und sonst? Man kann schließlich nicht bei allen Menschen eine detaillierte Kenntnis der Antike voraussetzen.«

»Das heißt?« fragte der General.

»Man müßte die Menschen erziehen«, antwortete ich. »Sonst geht einer auf den andern los. Nehmen wir zum Beispiel mein Leben. Ich fühle mich einsam, verloren und ratlos. Nirgendwo finde ich eine Stütze oder Hilfe. Dabei sehnt sich der Mensch doch nach Fürsorge, kurzum, nach einer hilfreichen Hand. Dann wäre es leichter, die eigene Persönlichkeit zu entwickeln, und die Furcht vor den Menschen würde verschwinden. Aber so? Man geht auf die Straße oder die Treppe hinauf, und immer muß man gewärtig sein, daß man, mit Verlaub Ew. Exzellenz, eins in die Fresse bekommt. Man kann das auch metaphorisch verstehen. Das Individuum ist schwach und sucht daher Halt bei der Obrigkeit.«

»Ich notiere das alles«, sagte Seine Exzellenz und schrieb eifrig in das nasse Notizbuch. Dann schraubte er die Schlittschuhe ab, warf sie sich über die Schulter und entfernte sich, nachdem er mir die Hand gegeben hatte, in der Richtung seines Palastes. Auch ich verweilte nicht mehr länger im Park und kehrte in die Stadt zurück.

Um guten Mutes zu bleiben, um nicht den Zweifeln und der eigenen Schwachheit zu unterliegen, um angesichts vielfältiger Gefahren und der allgemeinen Anarchie nicht in Furcht zu geraten, bin ich, wie bereits erwähnt, gewohnt, die Ordnung in der Welt der Kunst zu suchen. Aber nachdem ich mich jetzt unter der persönlichen Obhut Seiner Exzellenz fühlte, stärkte mich das neue Bewußtsein viel mehr, als dies sonst die hehrsten Werke der Meister vermocht hatten. Ich bin zwar ein Mensch, der sich nicht zu helfen weiß, der zerbrechlich und unvollkommen ist, jetzt aber wurden meine geringen Fähigkeiten im Lebenskampf durch die Macht einer hohen Organisation ergänzt.

»Persönlichkeit plus Seine Exzellenz, das erst ist das Richtige«, sagte ich mir.

Ehe ich die Bekanntschaft Seiner Exzellenz gemacht hatte, war das Billardspiel neben der Antike die zweite Zuflucht für mein seelisches Gleichgewicht gewesen. Nicht so sehr aus Bedürfnis, Seine Exzellenz war ja mit mir, als vielmehr aus Gewohnheit verbrachte ich den Rest des Tages in einer Schenke, die mit einem Billard ausgestattet war. Wieder einmal merkte ich gar nicht, wie spät es wurde. Dies war für gewöhnlich um so unangenehmer, als das Tor des Mietshauses, in dem sich mein Zimmer befand, ein außerordentlich rüpelhafter Hausmeister zu öffnen hatte. Dieser finstere Tropf war unbeschreiblich unhöflich, forderte in aufdringlichster Weise übertrieben hohe Trinkgelder und beschimpfte dabei noch die Mieter. Am wenigsten konnte er jene leiden, die ihn durch späte Heimkehr im Schlafe störten. Wohl oder übel mußte ich bei zunehmendem Frost und mich trotz allem auf das Athen des Perikles konzentrierend dem fatalen Tor entgegenstreben. Zitternd und angstvoll betätigte ich den Klingelzug, einmal und noch ein zweites Mal.

Irgendwo in der Tiefe des Gebäudes ertönte das unangenehme Scheppern der Schelle; dann hörte ich das mir wohlbekannte schwerfällige Schlurfen und ein lautes Fluchen.

Kaum jedoch ertönte das Knarren der sich öffnenden Tür, kaum war die riesige Gestalt in ihrer langen weißen Unterhose erschienen, als sich ein eleganter Adjutant des Generalstabes aus dem Dunkel löste und meinen Kerl kraftvoll dreimal um die Löffel haute. Dann salutierte er achtungsvoll vor mir und verschwand.

Der verdutzte Hausmeister bat mich demütig, ich möchte die Güte haben einzutreten. Ich willfahrte seiner Bitte. In meinem Zimmer angelangt, warf ich mich auf das Bett, um meine Eindrücke zu ordnen.

Seine Exzellenz hielt Wort.

Die Begegnung mit dem Hausmeister sprach für sich selbst. Der Adjutant des Generalstabs hatte unsere gegenseitigen Beziehungen in äußerster Klarheit abgesteckt. Am liebsten hätte ich noch an diesem Abend möglichst viele Vorteile aus der

Gunst Seiner Exzellenz gezogen und unverzüglich damit begonnen, meine Persönlichkeit zu entwickeln. Der größte Gewinn aus der so rasch bewiesenen Dankbarkeit des Generals bestand für mich in dem Umstand, daß ich an diesem Abend die Schwelle des Tores hatte überschreiten können, ohne gedemütigt und beschämt zu werden, was mir bisher von seiten des brutalen Hausmeisters unweigerlich jedesmal widerfahren war. Es bot sich mir also die wundervolle Gelegenheit, eine unangetastet bleibende Persönlichkeit zu entwickeln. Ich wollte mich sofort an die Arbeit machen, aber es war bereits spät, und so schlief ich gegen meinen Willen ein. Noch im Halbschlaf dachte ich mir, die Sache mit dem einen Adjutanten sei eigentlich unzureichend, ja sogar ein wenig peinlich; ich gewann den Eindruck, daß es vielleicht besser wäre, wenn zwei Adjutanten zur Verfügung stünden, die sich gegenseitig hauten, während der Hausmeister die Tür öffnete und ich einträte. Selbstverständlich würde es sich in diesem Falle gehören, daß der Adjutant des Hausmeisters der schwächere wäre und verlöre.

Gegen Morgen erwachte ich und stand auf, um meine Notdurft zu verrichten. Mein Kopf war noch nicht ganz klar; deshalb orientierte ich mich nicht sofort, daß ich nach dem Öffnen der Flurtür barfuß auf zwei Leutnants getreten war, die auf der Fußmatte schlummerten. Sie sprangen sofort hoch, salutierten, wie es sich gehörte, baten um Entschuldigung und fragten, wen sie hauen sollten.

»Ich weiß nicht recht«, sagte ich überrascht. »Gegen acht Uhr kommt der Milchmann. Den vielleicht?« Denn dem Milchmann gegenüber habe ich auch einen Komplex. Meinetwegen muß er bis zum vierten Stock hochsteigen, und ich habe den Verdacht, daß er dies ungern tut. Manchmal sage ich zu ihm: »Ein bißchen hoch ist es halt. Bestimmt sind Sie ganz außer Atem?« Aber er gibt dann gar keine Antwort, sondern nickt nur. Der Milchmann bekennt nicht Farbe. Vielleicht wäre es gut, ihn zu hauen.

»Bitte sehr. Uns macht das gar nichts aus«, sagten die beiden höflich. Meine beiden Haudegen, meine Falken, meine Betreuer! Ich legte mich noch etwas hin, konnte aber nicht mehr einschlafen. Dauernd war mir, als hörte ich die Schritte des Milchmanns auf der Treppe. Ich drehte mich von einer Seite auf die andere. Schließlich stand ich auf und schlüpfte in die Hose.

»Ich bin es wieder«, sagte ich zu den Leutnants, die sich nicht mehr niedergelegt hatten. »Ich muß gestern etwas Unrechtes gegessen haben.« Dabei zwinkerte ich ihnen zu, als hätte ich einen Witz gemacht.

»Bitte sehr, bitte sehr«, sagten sie. Aber im Korridor wandte ich mich schnell dem Treppenhaus zu und eilte hinunter. Unter dem bereits aufgesperrten Tor stand der Hausmeister und schaute auf die Straße. Ich wollte mich schon verbergen, überlegte es mir dann aber anders. Er seinerseits drehte sich nicht um, ich stand hinter ihm, und so zog sich das ziemlich lange hin.

»Gibt's was Neues?« fragte ich schließlich, aber unglücklicherweise viel zu leise und undeutlich. Da merkte ich, daß mir die Schnürsenkel aufgegangen waren; also beugte ich mich hinunter, um sie zu binden, und gerade in dem Augenblick drehte er sich um. Da band ich nicht mehr weiter, sondern stützte mich lediglich auf die Fensternische und schaute wie gelangweilt auf die Straße.

»Wenn der Milchmann kommen sollte, dann sagen Sie ihm bitte, daß ich heute keine Milch brauche.« Und dann fügte ich noch laut, fast schreiend hinzu: »Verstanden!« Und ich weiß selbst nicht warum, aber während ich so rief, reckte ich mich auf einmal in die Höhe und holte zu einem Schlage aus, aber im letzten Augenblick tat ich so, als sei mir etwas hinter den Kragen gerutscht, und während ich mir noch immer heftig den Rücken kratzte, floh ich wieder nach oben und schloß mich im Abort ein. Ich war ganz verzweifelt, und das Herz klopfte mir heftig.

Jetzt ging es schon nicht mehr um den Hausmeister, sondern um den Milchmann. Ein Frühstück ohne Milch konnte ich mir überhaupt nicht vorstellen. Aber auch darum ging es jetzt nicht. In mir entstand plötzlich ein unsäglicher Haß auf den Milchmann. Ich faßte einen idealen Plan. Der Milchmann dürfte nicht mit der Milch kommen und dafür Prügel erhalten, sondern er sollte ohne Milch kommen, um dafür verprügelt zu werden, daß ich ihm befohlen hatte, ohne Milch zu kommen bzw. nicht mit der Milch, damit er verprügelt würde. Vor allem aber für mein Rückenkratzen. Aber dabei befürchtete ich, die Leutnants könnten dahinterkommen.

Als ich wieder unten anlangte, war ich ganz außer Atem. Der Hausmeister schaute noch immer auf die Straße hinaus.

»War er schon da?« fragte ich, indem ich mir den Anschein der Gleichgültigkeit gab.

»Nein!« sagte der Hausmeister so deutlich, daß mir die Knie zu wanken begannen.

»Wenn er kommt, dann soll er die Milch hier unten lassen, aber trotzdem zu mir hinaufsteigen.«

»Was?« fügte ich hinzu, denn noch ehe er etwas gesagt hatte, schien mir, er habe etwas gesagt, aber da er überhaupt nichts sagte, streckte ich die Arme aus und machte sogar ein paar Kniebeugen, um ihm auf diese Weise zu verstehen zu geben, daß ich lediglich im Zuge meiner Morgengymnastik zweimal die Treppe hinuntergerannt sei. Dann lief ich wieder nach oben.

Die Leutnants standen vor meiner Tür und schauten das Treppenhaus hinunter. Sie waren piekfein und voller Aufmerksamkeit.

»Ich bin's«, rief ich zur Vorsorge schon von weitem. Ich bemühte mich, stramm und doch elastisch an ihnen vorbeizueilen, damit sie den Eindruck gewännen, auch ich sei nicht von Pappe. Aber dann hatte ich auf einmal Angst, daß sie mir dennoch hinter meine Schliche kämen, daß ihnen meine Atemnot nicht entgangen wäre. Ich mußte sie von dieser Vermutung abbringen und mich gleichzeitig durch einen Scherz loskaufen, mich mit ihnen verbrüdern, mich in ihre Welt begeben. So stand ich auf einmal wieder vor ihnen und quäkte:

»Sie haben ja gar keine Ahnung, wie sehr man außer Atem gerät, ehe man... Hahaha... Sie verstehen schon, meine Herren!«

Gleich darauf vergrub ich mein schamrotes Antlitz im Kopfkissen. Diese echt soldatische Derbheit hätte ihnen doch zusagen müssen, wiederholte ich mir immer wieder. Warum nur haben sie nicht gelacht und überhaupt nicht reagiert? Sie warteten lediglich auf den Milchmann.

Ich wartete auch. Gegen acht Uhr kam wirklich jemand die Treppe herauf. Gleich werden sie ihn hauen, dachte ich erleichtert. Aber es geschah nichts. Es entstand eine langewährende Stille. Schließlich konnte ich mich nicht mehr beherrschen, öffnete die Tür ein wenig und schaute in den Flur hinaus.

»Er war noch nicht da«, meldeten sie gehorsam. »Irgendein Individuum ist dagewesen, hat sich hier umgeschaut und ist dann wieder weggegangen. Milch hatte der Mann nicht bei sich.«

»Haben Sie meinen besten Dank! Er kommt bestimmt noch«, log ich und zog mich wieder auf mein Bett zurück. Ich setzte mich und starrte stumpf auf die Wand. Mein ungemein komplizierter Plan, der mich so viel geistige Anstrengung, vom Treppenlaufen gar nicht zu reden, gekostet hatte, lag im Staub, war von einem gewöhnlichen Milchmann durchkreuzt worden ... Ich tauge also doch zu nichts, sagte ich mir, wenn mein kunstvolles intellektuelles Gebäude beim ersten Zusammenstoß mit einem so simplen Burschen wie einem Milchmann zusammenbricht. Ihm ist es ohne die geringste Mühe gelungen, ungestraft zu entkommen. Welch eine Niederlage, welch ein Scheitern und Tiefstand! Er hat sich aus der Affäre gezogen und lacht sich ins Fäustchen, dachte ich mir. Ich fühlte mich erniedrigt und glaubte, unter diesem Milchmann zu stehen.

Gegen Mittag raffte ich mich soweit auf, daß ich die Wohnung verlassen konnte.

»Ich gehe in die Stadt, um meine Persönlichkeit zu entwikkeln«, teilte ich den Leutnants mit. »Haben Sie die Güte, weiter auf ihn zu warten. Manchmal findet er sich erst am Nachmittag ein und, wenn ihm etwas dazwischenkommt, gar erst am Abend.«

In den folgenden Stunden gab ich mir große Mühe, die Niederlagen dieses Morgens zu vergessen. Gegen Abend begannen meine Anstrengungen einen gewissen Erfolg zu zeitigen.

Zum Teufel, sagte ich mir. Das Gewesene kann man nicht mehr ändern. Dafür aber werden wir heute abend wieder am Tor klingeln, ich und der Adjutant.

Gedachte ich der meiner harrenden Katharsis, so wurde ich ganz fröhlich. Absichtlich zögerte ich das Nachhausegehen hinaus. Je später es wäre, um so wilder würde mich der Hausmeister innerlich verfluchen, um so saftiger würde meine abendliche Erlösung ausfallen. Erst als die letzten Gäste den Billardsaal verlassen hatten, ging auch ich. Ich trieb mich noch ein wenig auf den Straßen herum, verweilte da und dort, ergötzte mich an dem bevorstehenden Ereignis, geriet in eine immer bessere Laune und kam schließlich vor unserem Hause an. Das Tor war geschlossen; die Straße lag, ganz in das Licht des Mondes getaucht, verlassen da. Lächelnd rieb ich mir die Hände, und während ich die Klingel zog, durchrieselte mich ein Schauer der Wollust.

Bald vernahm ich die bekannten schwerfälligen Schritte. Vor Ungeduld trat ich von einem Bein auf das andere. Schließlich klirrte der Riegel. Unter dem Tor stand der Riese in Unterhosen. In diesem Augenblick war auch schon der elegante Adjutant aus dem Generalstab da und gab mir drei schreckliche Backpfeifen.

Noch ehe ich aus meiner Betäubung aufgewacht war, hatte sich das Tor hinter mir geschlossen, und ich befand mich im Flur, der nur von einer auf dem Estrich stehenden Handlaterne erleuchtet war. Neben mir erhob sich in diesem grauweißen Licht unbeweglich die Gestalt des Hausmeisters, der mich jetzt an eine der Marmorsäulen vom Parthenon erinnerte.

Nach einer Weile tiefsten Schweigens versuchte ich schüchtern ein Bein auf die erste Stufe zu stellen. Er rührte sich nicht. Das bedeutete, daß es mir erlaubt war, die Treppe zu meinem Zimmer hinaufzusteigen.

»Da bin ich doch heute durch den Park gegangen«, sagte er fast singend. »Und stell dir vor, Kleiner, unser Herr, Seine Exzellenz der Generalgouverneur« – dabei löste er sich von der Wand und stand stramm – »ist auf der Eisbahn eingebrochen, und ich habe ihn halt aus dem Wasser gezogen.«

Schon wieder? dachte ich mir, und dann sagte ich: »Verstehe schon, die Anarchie der zwischenstaatlichen Beziehungen, die eigene Ohnmacht, das Verlangen nach Fürsorge . . .«

»Mmm nein«, sagte der Hausmeister. »Ich habe ihm vor allem etwas über die Mieter erzählt. Hoheit hatten die Güte, alles aufzuschreiben.«

»Jawohl, Herr General!« sagte ich unvermittelt und fügte dann hinzu: »Ich gehe jetzt besser schlafen.« Träge lehnte sich der Hausmeister wieder an die Wand.

»Ja, geh nur Kleiner, geh! Oben warten sie schon auf dich. Es sind die gleichen, die heute morgen da waren.«

Nur einen Augenblick lang blieb ich stehen. Dann hielt ich mich am Geländer fest, straffte meine Haltung, ging Stufe für Stufe nach oben und versuchte dabei, alle meine Gedanken auf die Abenteuer des Orpheus zu konzentrieren.

Leserbrief

Hochverehrte Redaktion!
Eines Tages, als ich unter schattenspendenden Bäumen lustwandelte, wehte mir der Wind ein Blatt Papier vor die Füße. Es war mit einer ungleichmäßigen Schrift bedeckt, so, als habe sich der Schreibende an einem dunklen, zumindest aber dämmrigen Ort befunden.

Es handelte sich um ein Stück aus dem Tagebuch eines Optimisten, eines Menschen also, der nicht nur die trüben Seiten des Lebens wahrnimmt, sondern sich bemüht, vor allem den Lichtblicken gerecht zu werden. Manchmal waren Abkürzungen verwendet, wie dies bei persönlichen Aufzeichnungen üblich ist. Einen Teil des Textes möchte ich Ihnen zur gefälligen Kenntnis bringen:

»Alles läuft ausgezeichnet. Viktor hat mir gestern das Geld zurückgegeben, der Katarrh ist vorbei, Ginas Beinbruch heilt ideal. Auch das Wetter läßt nichts zu wünschen übrig. Nach einer Periode nicht endenwollender Regenfälle leuchtet wieder die Sonne, kamen blaugoldene Tage. Freilich, M. hat wieder gedroht, aber W. meint, das sei nur leeres Gerede. Hauptsache ist, der Onkel ist gestern aus der Sommerfrische zurückgekommen. Er erzählte, so schöne Fernblicke wie dort habe er schon lange nicht mehr gehabt. Er sieht frisch und braungebrannt aus und hat schon seine neue Werkstatt aufgemacht. Das gibt ein Leben! Aber wir wollen nur noch Wein trinken. Soviel ich gehört habe, brachten die Griechen und Römer eine hohe Kultur zustande, ohne den Schnaps zu kennen. Also fort damit! Das Dach wird auch geflickt; es ist alles schon besprochen. Sabinchen schießt in die Höhe, es reicht der Tante schon bis zur Schulter und hat einen dicken Zopf. Käthe hatte vielleicht Glück! Sie wurde von einem Hund gebissen, und der war nicht tollwütig! Und die Sache mit C. bringen wir auch noch in Ordnung.

Die Lage, in der sich A. befindet, bereitete mir zunächst Kummer. Aber so etwas machen wir nicht zum erstenmal durch, und er selbst sagte mir bei unserer letzten Begegnung, jetzt brauche man nur die Ohren steif zu halten, und außerdem meinte R., der dort war, es sei alles schon viel besser und A. stehe ein großer Erfolg bevor.

Das alles macht doch Spaß!

Ich kann bloß eines nicht verstehen. Warum nur tragen mich vier Männer in einer Holzkiste, und ich liege ganz still da, und den Sargdeckel haben sie zugenagelt?«

Soweit das Manuskript.

Mit den besten Wünschen

Eine seltsame Begegnung

Der Weg war leer. Damit will ich sagen, daß sich kein Mensch, kein Tier und auch kein Gegenstand darauf befanden. Diesen Weg ging ich – ein Mensch. Soviel ich mich auch umschaute, ich konnte nichts wahrnehmen.

Aber so war es nur eine gewisse Zeit lang; denn plötzlich sah ich, daß mir jemand entgegenkam. Ein Mann, etwas größer als ich, aber in den Schultern viel breiter; auch trug er einen Hut, während ich niemals einen aufsetzte.

Ich nahm einen energischen Ausdruck an, damit ich für selbstsicher und kräftig gelten konnte. Schon dachte ich, alles werde sein wie immer. Ich halte einen Augenblick lang den Atem an, damit die Luft, die der Fremde ausgestoßen hat und die ihn umgibt, mir nicht in die Lungen dringen kann – und dann sind wir schon aneinander vorbei.

Aber er versperrte mir den Weg und sagte: »Bleiben Sie stehen! Morgen Punkt sieben Uhr kommen Sie zu mir und bringen meine Wohnung in Ordnung!«

Ich war so verwundert, daß ich nur fragen konnte: »Ich?«

»Natürlich Sie!«

»Was soll das denn heißen?« Endlich hatte ich den richtigen Ton gefunden, um auf eine solche Anrempelung entsprechend zu antworten. »Was bilden Sie sich denn ein? Lassen Sie mich sofort gehen!«

»Spielen Sie sich nicht auf und hören Sie gut zu! Fließendes Wasser ist vorhanden, auch Wischlappen sind da.«

»Glauben Sie denn im Ernst, ich . . .«

»Auf den ersten Blick scheint die Arbeit schwer zu sein, das streite ich nicht ab. Aber es ist auch ein Staubsauger da.«

»Was für ein Staubsauger?«

»Ein ganz hervorragender! Mit ihm zu hantieren, ist eine wahre Freude. Aber wenn Sie wollen, können Sie die Teppiche auch im Hof klopfen.«

»Welches Stockwerk? Sicherlich das sechste!«

»Woher! Vierter Stock, außerdem ist ein Aufzug vorhanden. Na, sehen Sie!«

»Aber wie käme ich dazu, Ihre Wohnung in Ordnung zu bringen?«

»Weil sie schmutzig ist und man sie endlich wieder in Schuß bringen muß. Sie bekommen auch eine Schürze. Und im übrigen bitte ich Sie, keine unnötigen Bemerkungen zu machen.«

»Aber was soll das denn bedeuten?«

»Sie werden doch eine solche Arbeit nicht ohne Schürze machen wollen; aber das ist schließlich Ihre Sache.«

»Natürlich braucht man eine Schürze dazu, aber wie können Sie sich unterstehen . . .«

»Im Abstellraum neben dem Badezimmer finden Sie die entsprechenden Besen und Feger. Licht müssen Sie im Vorraum machen, denn im Abstellraum ist die Birne durchgebrannt.«

»Aber das alles ist doch unerhört . . . Übrigens wären dafür Filzlappen angebracht. Aber wofür halten Sie mich eigentlich?«

»Filzlappen habe ich nicht, nur Filzpantoffeln, die stehen auch im Abstellraum. Aber gehen Sie bitte mit dem Bohnerwachs sparsam um. Von allem geht immer so viel drauf, daß man mit den Anschaffungen nie nachkommt.«

»Sie glauben vielleicht, es genügt, wenn man sich in die Hände spuckt. Wenn man schon etwas macht, muß man es ordentlich machen, und dazu braucht man eben das Entsprechende. Aber wenn Sie denken . . .«

»Reden Sie nicht so viel. Sie wachsen leicht ein, dann warten Sie, bis es trocken ist. Den Bohner leiht Ihnen der Nachbar.«

»Was, Sie haben nicht einmal einen eigenen Bohner? Hätten Sie den nicht schon lange anschaffen können?«

»Das ist nicht Ihre Sache. Bei dem Nachbarn müssen Sie vor acht Uhr klingeln. Später ist niemand zu Hause. Sagen Sie, daß ich Sie schicke. Auf der Küchenkredenz liegt Emmentaler. Schneiden Sie sich eine Scheibe davon ab, aber essen Sie mir nicht das ganze Stück auf. Bringen Sie den verstopften Ausguß in Ordnung, gießen Sie die Geranien, rollen Sie das Linoleum auf und lassen Sie keine Fremden herein.«

»Und warmes Wasser? Mit kaltem hat es keinen Zweck, außerdem habe ich Rheuma.«

»Reden Sie doch nicht so dumm daher. Dafür habe ich doch einen Gasofen. Sie brauchen nur die Hebel entsprechend einzustellen. Schließlich sind Sie ein erwachsener Mensch.«

»Ist Gas da?«

»Fragen Sie nicht so dämlich! Klar, Gas ist vorhanden.«

»Davor habe ich Angst. Wie leicht kann man sich damit vergiften.«

»Unsinn! Die schmutzigen Servietten zusammenlegen, die Schränke abrücken, die Matratzen ausklopfen, die Vorhänge abnehmen, die Türklinken mit Lauge reinigen, aber dabei nicht die Wände bespritzen, die Fenster trocken nachreiben, sorgfältig, denn ich kontrolliere es, das Radiogerät ausschalten und während der Arbeit nicht Radio hören, denn das lenkt nur ab. Das wäre so ziemlich alles. Auf Wiedersehen!«

Mit dem Gang eines Sportlers entfernte er sich. Er schaute sich nicht um. Ich blickte ihm nach, bis er verschwunden war. In mir kochte der beleidigte Stolz, schrie das verwundete Selbstbewußtsein. Diesem unerhörten Geschehen wollte ich das entsprechende Ende bereiten.

Aber plötzlich wurde mir ganz seltsam zumute; ich fühlte mich verlassen, ratlos und ohnmächtig ... Er hatte mir seine Adresse nicht angegeben.

Der Doppelgänger

Als sie kamen, um ihn abzuholen, saß er vor seinem Haus und schnitzte sich gerade eine Pfeife. Vor ihm lagen der blühende Obstgarten, halbfertige neue Wirtschaftsgebäude, Kuh- und Pferdeställe. Die in der Sonne blitzenden Balken verrieten eine solide Zimmermannsarbeit. All dies hatte er sich in seinen langen Dienstjahren verdient. Sie grüßten ihn und wußten nicht, wie sie anfangen sollten. So redeten sie ein bißchen über das Wetter und die Bienenstöcke. Schließlich sagte einer:

»Du kannst dir denken, warum wir kommen. Du bist ein armer Kerl, aber du verstehst, daß du nicht länger auf dieser Welt herumlaufen darfst.«

Da legte er die Pfeife weg, deren Form schon sichtbar war, und wurde blaß. Aber er sagte nichts. Der andere aber wiederholte:

»Es geht nicht anders.«

»Aber Brüderchen!« rief er und faltete die Hände. »Ihr wißt doch gut, daß ich nicht er bin.«

»Das wissen wir«, antworteten sie. »Er ist uns weggestorben, der Tyrann, unser blutiger Herr. Aber versteh doch, du hattest die Stelle eines Doppelgängers, und da mußt du auch verstehen, daß es nicht anders geht. Wir waren gute Freunde im Dienst. Und das Herz blutet uns. Aber du kennst unser Ressort.«

»Verschont mich!« bat er.

Da sagten sie zu ihm: »Jammere nicht, du hast es nicht schlecht gehabt auf dieser Erde. Erinnerst du dich noch, wie die Massen an dir vorbeimarschierten und du warmen Kakao bekamst? Komm jetzt mit uns.«

»Aber das war ich, das war doch nicht er.«

»Du hast wohl keine Achtung vor dem Volk, daß du so daherredest. Du warst er, obwohl er nicht du war. Weißt du noch, wie du mit einer goldenen Krone und einem goldenen Kragen die Schulkinder auf dem Schloß empfangen hast? Komm jetzt!«

»Habt Mitleid mit mir.«

»Und wie du dich auf dem Schweißfuchs vor der Front der Soldaten tummeltest. Damals, als er einen Katarrh hatte und zu Hause bleiben mußte.«

»An einer Grippe lag er darnieder, nicht an einem Katarrh.«

»Grippe oder Katarrh. Du hast es gut gehabt. Also los jetzt!«

»Ich will nicht!«

»So einer bist du! Du willst wohl unser Volk mit deiner Fresse erschrecken? Denk doch einmal nach, Mensch! Da kommst du in eine Stadt, und das Volk spaziert da über den Marktplatz und lobt Gott, daß es keine Angst mehr zu haben braucht. Plötzlich kommst du den Leuten unter die Augen. Denk an die Verwirrung und die Panik! Das wichtigste im Staate ist die Ordnung. Die Leute sind immer noch verschreckt, und die Staatstrauer ist noch nicht zu Ende.«

»Dann gehe ich eben nicht in die Stadt, Ehrenwort.«

»Und wenn du dein Versprechen vergißt? Der Mensch kann nicht immer auf derselben Stelle sitzen.«

»Brüderchen, auf den Knien flehe ich euch an.«

»Meine Güte. Du kennst uns doch nicht erst seit gestern. Du müßtest wissen, daß es keinen Zweck hat, uns anzuflehen. Du bist doch unser alter Kamerad, warum willst du uns das Leben schwer machen. Und wenn wir dir gleichgültig sind, dann denk wenigstens an das Wohl des Volkes.«

»Nein!«

»Wir erklären es dir zum letztenmal. Du warst ihm ähnlich und hast ihm gedient, als man es dir befahl. Daraus macht dir niemand einen Vorwurf. Aber jetzt haben sich die Zeiten geändert; es wird keine Ausbeutung mehr geben und keine Ungerechtigkeit. Und deine Fresse sieht aus wie die vergangene Zeit. Man braucht nur hineinzuschauen, und schon möchte man die Hacken zusammenreißen.«

»Gebt mir euer Wort, daß jetzt die Zeit des Unrechts vorbei ist.«

»Sie ist vorbei.«

»Ehrenwort?«

»Ehrenwort!«

»Gut, dann gehe ich mit. Erlaubt nur, daß ich mich noch von meinem Sohn verabschiede.«

Er ging mit ihnen. Zuvor aber nahm er noch einmal seinen Sohn auf den Arm, sah ihn genau an und weinte vor Freude, weil sein Sohn keinem Menschen, keinem einzigen Menschen auf dieser Welt glich.

Da ich meine drei großen Koffer nur mit äußerster Mühe heben konnte, rief ich einen Gepäckträger. Es war ein Mann in den besten Jahren.

Zwei Koffer verband er mit einem Lederriemen und hängte sie sich über die rechte Schulter. Den dritten nahm er in die linke Hand.

»Schwer!« sagte er mißmutig.

»Selbstverständlich!« antwortete ich. »Aber habe ich Sie nicht gerade aus diesem Grunde gebeten, mir gegen eine entsprechende Entlohnung mein Gepäck zu tragen? Andernfalls könnte ich es ja ohne weiteres selbst tun.«

Er schaute mich von der Seite an, sagte aber kein Wort.

»Schließlich ist das ja Ihr Beruf«, fügte ich noch hinzu. »Seine Ausübung erlaubt es Ihnen, Ihren Lebensunterhalt zu bestreiten. Nehmen wir an, ich hätte ein leichtes Gepäck und Sie trügen es mir aus Gefälligkeit, dann stünde Ihnen auch kein materieller Lohn zu.«

»Mein Vater war Kleinbauer«, sagte er, und in seiner Stimme schwang eine gewisse Trauer.

»Aber bin ich denn für den Stand der Landwirtschaft in der Zwischenkriegszeit verantwortlich?« wandte ich ein. »Außerdem habe ich Ihren Herrn Vater gar nicht gekannt.«

»In der Schule hatte ich es auch nicht leicht, o je, gar nicht leicht«, bekannte er bitter.

Wir gingen jetzt über die Stufen zur Bahnhofshalle. Wirklich, dachte ich. Es kann schon sein. Fünf Kilometer zur Schule über die Felder. Im Winter reicht der Schnee bis zum Gürtel. Und der Religionslehrer ist ein ausgemachter Rohling ...

»Wenn es sein muß, kann ich Ihnen ja einen Koffer abnehmen, den hier, den leichtesten.«

Er reichte mir einen Koffer, machte aber immer noch eine finstere Miene. In sein Gesicht hatte sich ein Leid gegraben, dessen Ursachen zeitlich wie räumlich in weiter Ferne lagen.

»Einen Furunkel hatte ich auch, auf der Schulter. Das werden jetzt fünfzehn Jahre her sein ...« brummte er nachdenklich.

Wir gingen jetzt unter der großen Bahnhofskuppel. Man muß menschlich sein, dachte ich mir. Man darf seinem Nächsten gegenüber nicht so hart sein. Ein solcher Furunkel kann schrecklich weh tun.

»Ich könnte ja noch einen nehmen«, sagte ich zögernd, denn schließlich bin ich nicht der Stärksten einer.

»Nehmen Sie nur, nehmen Sie. Beim Militär wurde ich auch nicht verwöhnt«, sagte er und hängte mir den Riemen um, an dessen Enden die beiden Gepäckstücke lasteten.

Ich wollte ihm nun den Koffer zurückgeben, den ich schon vorher übernommen hatte, denn meinem Vorschlag zufolge wollte ich nur zwei der Koffer tragen. Aber er hatte sich bereits umgedreht, ging vor mir her und zeigte mir prustend den Weg.

Die Füße trugen mich kaum, und mir schien, daß ich in jedem Augenblick zusammenbrechen müsse. Der Riemen schnitt mir tief ins Fleisch, und ich fürchtete, mein linker Arm könne mir von diesem Gewicht ausgerissen werden. Dennoch ging ich weiter. Aber nun wollte ich mich auch meinerseits beklagen.

»Der Konflikt zwischen dem Sein und dem Bewußtsein quält mich schon seit langem«, begann ich schließlich schüchtern.

Aber er tat, als höre er mich nicht. Wir waren jetzt schon auf dem Perron, aber bis zum Zug hatten wir es noch weit.

»Schon seit langem . . .« wiederholte ich nachdrücklich. Da begann er wieder zu sprechen, diesmal ganz sanft, als ob seine Worte in die Ferne gerichtet seien und er jetzt sein Schicksal voll Ergebenheit trage.

»1946 hat es schrecklich geregnet. Einmal bin ich ganz durchnäßt heimgekommen, und in dem Augenblick, als ich das Haus betrat, hat es aufgehört zu regnen.«

Mich packte der Schrecken. Ich wußte schon, was das zu bedeuten hatte, und ich wußte auch, daß es jetzt keine Rettung mehr gab.

»Steigen Sie auf«, flüsterte ich heiser.

Er jammerte weiter, sprang auf und saß mir nun rittlings auf den Schultern. Ich torkelte, bewegte mich aber dennoch mit trippelnden, krampfhaften kleinen Schritten voran.

Aber es ging nicht schnell genug. Der Zug, den ich erreichen wollte, setzte sich in Bewegung, als mich nur noch ein paar normale Schritte von ihm trennten. Die hellen Vierecke seiner Fenster zogen an meinen Augen vorbei. Und dann lagen die Schienen und der Bahnsteig auf der anderen Seite nackt vor mir.

Er aber wies mir durch ein leichtes Ziehen an den Ohren die Richtung, und mit denselben verkrampften, immer wieder unterbrochenen Schrittchen schleppte ich ihn und meine drei Koffer zunächst zum Ausgang und dann der dunklen Stadt entgegen.

Ad astra

In der Absicht, ein Glas Milch zu trinken und sich bei dieser Gelegenheit ein wenig unters Volk zu mischen, begab sich der Romancier eines Tages in die Milchbar. Dort erregte seine Aufmerksamkeit ein Jüngling, der unmittelbar vor ihm in der Schlange stand. Der junge Mann unterschied sich auf den ersten Blick von den übrigen Kunden nur durch seine außerordentliche Blässe und die Anzeichen von Entkräftung, die sein Gesicht wie seine ganze Haltung aufwiesen. Sein Blick war umflort, sein Anzug sauber, aber zerknittert. Er machte den Eindruck, gerade eine lange und überaus anstrengende Reise hinter sich gebracht zu haben. Als die Reihe an ihm war, sagte er zu der Werktätigen hinter dem Schalter leise, aber deutlich, mit einer sorgfältigen, jedoch nicht affektierten Diktion:

»Bitte sechzig Brötchen und eine Milch.«

In einer Epoche der Kollektivausflüge, in der selbst Hinterwäldler das Land gruppenweise zu durchstreifen gewohnt sind, erregte eine derartige Bestellung kein Aufsehen. Dennoch interessierte sich der Romancier jetzt um so lebhafter für den Jüngling. Er nahm, nachdem er den entsprechenden Preis an der kunstvoll dekorierten Kasse entrichtet hatte, sein Rote-Rüben-Filet in Empfang und setzte sich an einen Tisch, von dem aus er den jungen Mann weiter beobachten konnte.

Diesem zitterten die Hände, als er den ersten Schluck des erfrischenden Getränks zu sich nahm. Unmittelbar darauf überzog sein bisher wächsernes Gesicht eine zaghafte Röte, und plötzlich zückte er seine Füllfeder und begann, wie von einer höheren Gewalt getrieben, auf die Papierservietten zu schreiben. Er schrieb pausenlos, biß nur gelegentlich in seine Semmel oder hob gedankenverloren den Milchbecher zum Mund. Anscheinend verlieh ihm jeder Bissen neue Kräfte, denn immer schneller eilte die Feder über das Papier. Als der Becher leer war und die Semmel aufgegessen, blickte er um sich, als wäre er soeben aufgewacht, steckte den Füller in die Tasche und eilte hinaus, wobei er nicht vergaß, die restlichen neunundfünfzig Brötchen mitzunehmen.

Kaum hatte die Tür sich hinter ihm geschlossen, als der Romancier die auf dem Tisch gebliebenen Servietten ergriff und sie mit geübtem Blick überflog.

Er hatte eine vollständige Romanskizze vor sich, und es stand für ihn bald außer Zweifel, daß es sich trotz mancher Mängel und Flüchtigkeiten um das Werk eines Genies handelte.

Er rannte dem Jüngling nach, wiewohl er sich sagen mußte, daß die Aussicht gering war, ihn im Straßengewühl einzuholen. Von weitem sah er noch, wie der andere enteilte. Aber plötzlich blieb der junge Mann stehen, zögerte, schien mit sich selbst zu kämpfen, wandte sich dann aber einer Bank in den nahen Anlagen zu. Dort nahm er Platz und fing an, fieberhaft das zerknitterte Einwickelpapier zu beschreiben, in welches man ihm die Brötchen gepackt hatte. Der Romancier stellte sich hinter ihn und schaute ihm über die Schulter.

Was er zu lesen bekam, erfüllte ihn mit Bewunderung. Der Jüngling war dabei, die zuvor in der Milchbar hingeworfene Skizze auszuführen. Bereits waren einige der ursprünglichen Fehler eliminiert. Der Fortschritt gegenüber der Skizze war unverkennbar.

Da stellte sich der Romancier vor. Der Jüngling hob seine umwölkten Augen, in denen das Feuer des Genies brannte, zu ihm empor. Nach vielen Jahren einer erschöpfenden, aber vom Schein seines Talents aufgehellten Arbeit, fing der Romancier an, sich alt zu fühlen. Daher liebte er es, Debütanten zu betreuen und sie als seine Nachfolger dem Ruhme entgegenzuführen.

»Hier können Sie doch nicht bleiben«, rief er. »Kommen Sie mit mir und lassen Sie dieses Backwerk liegen.«

Der Jüngling schien von dieser Einladung nichts wissen zu wollen. Er scharrte mit den Füßen, machte Verbeugungen und suchte sich zu entfernen. Dies war um so seltsamer, als er keineswegs den Eindruck der Schüchternheit machte.

Fast mit Gewalt führte ihn der Schriftsteller in seine Wohnung. Unterwegs eröffnete er dem jungen Mann eine glänzende Zukunft und versprach ihm seine Hilfe. Der Jüngling jedoch schwieg und warf ihm einen ebenso strengen wie rätselhaften Blick zu. Vermutlich leistete er nur deshalb keinen aktiven Widerstand, weil die neunundfünfzig Semmeln ihn in seiner Bewegungsfreiheit erheblich einschränkten. Dem Romancier entging das nicht. Er ist arm, genial und unzivilisiert, dachte er gerührt. Man muß sich seiner annehmen und sehr auf ihn achtgeben. Zu Hause schloß er ihn in seinem Arbeitszimmer ein. Die Semmeln erwähnte er nicht mehr, und er erlaubte es dem Jüngling, sie bei sich zu behalten. Er wollte nicht allzu streng gegen die seltsamen Gewohnheiten seines Gastes vorgehen, da er annahm, sie seien das Ergebnis bisheriger äußerst harter Lebensbedingungen. Seiner Haushälterin jedoch gab er den Auftrag, ein reichhaltiges und schmackhaftes Mittagessen zu kochen. Als der Jüngling in seiner Abgeschlossenheit das Mahl zu sich nahm, rief der Romancier seine Bekannten an und erzählte ihnen von seinem erstaunlichen Fund. Dann ließ er die Haushälterin zu sich kommen:

»Was macht er denn jetzt?« fragte er.

»Gegessen hat er, und nun schreibt er wieder. Sie können einem ja ein Loch in den Bauch fragen«, fügte sie im Weggehen noch hinzu. Sie war eine Frau aus dem Volke.

»Ausgezeichnet!« rief der Romancier und rieb sich die Hände.

Der Jüngling schrieb den ganzen Nachmittag. Abends machte er Licht im Arbeitszimmer. Nach diesem ungewöhnlichen Tag fühlte sich der Romancier frühzeitig müde. Er verbarg den Schlüssel zum Arbeitszimmer unter seinem Kopfkissen, legte sich nieder und schlief ein.

Mit dem Gefühl, etwas Unangebrachtes sei geschehen, schreckte er hoch. Schnell schlüpfte er in seinen roten Schlafrock aus chinesischer Rohseide und lief in das Arbeitszimmer. Die Hände zitterten ihm, als er den Schlüssel im Schloß umdrehte. Die Morgensonne erfüllte den Raum. Im stillen Frühlicht, das den Beginn eines neuen, erfreulicheren Lebens zu verheißen schien, lagen achtlos auf dem Schreibtisch verstreut die Blätter seines kostbaren Schreibpapiers. Sie alle waren vollgeschrieben, aber im Zimmer befand sich niemand.

Der Romancier eilte zum Schreibtisch. Er brauchte nicht lange, um herauszubekommen, was der Jüngling geschrieben hatte. Was in der Milchbar in flüchtiger, unsicherer, wenn auch schon genialer Form erschienen war und später in den Anlagen bereits klarere Konturen angenommen hatte, lag jetzt vollendet vor ihm. Es war ein Meisterwerk, dessen Feuer ihn blendete. Offensichtlich hatte der erschöpfte Organismus des Jünglings in dem Maße, als er Speisen zu sich nahm, neue Geisteskräfte entwickelt, und lediglich der Mangel an den nötigen Kalorien und Vitaminen war seinem bisherigen Schaffen Fessel und Hemmschuh gewesen. Das reichliche, im Arbeitszimmer verabreichte Mittagessen hatte den Durchbruch herbeigeführt.

Die offenstehende Balkontür verriet den Weg der Flucht. Im frischen Morgenwind blähten sich die Vorhänge. Augenscheinlich war das unbekannte junge Genie erst vor einem Augenblick am wilden Wein hinuntergeklettert, hatte den Gartenzaun überstiegen und befand sich jetzt auf der Straße. Bei der Flucht hatte er die Brötchen mit sich genommen.

Der Romancier zog rasch seine bulgarische Pelzjacke an und eilte die Treppen hinunter. Seine erste Information erhielt er von dem Invaliden im Zeitungskiosk, wo auch Schreibwaren zu haben sind. Dieser hatte den jungen Mann gesehen und sogar mit ihm gesprochen, als der bei ihm Kanzleipapier einkaufte. Dem gleich darauf angesprochenen Straßenkehrer war aufgefallen, wie der Jüngling an der nahegelegenen Straßenbahnhaltestelle wartete. »Er war taufrisch und schön wie eine Rose. Dauernd hat er Papier aus der Tasche gezogen und darauf geschrieben«, erklärte er. Trotz aller Eile und Aufregung konnte sich der Romancier des Staunens nicht enthalten. »Sogar auf der Flucht schreibt er noch. Fürwahr, ich habe ein Genie entdeckt, wie es nur alle hundert Jahre einmal vorkommt. Und ich sollte es schon wieder verloren haben?« sagte er zu sich. Er beschloß, unermüdlich nach dem Jüngling zu suchen. Die Bahn, auf die der ungewöhnliche junge Mann nach Aussage des Straßenkehrers gewartet hatte, konnte nur in Richtung Bahnhof gefahren sein und nur eine Haltestelle weit, da dort die Endstation war. Voll Unruhe erreichte der Romancier den Bahnhof. Viele Züge fuhren von dort in verschiedenen Richtungen. Der Flüchtling konnte schon weit sein, und nichts berechtigte zu der Hoffnung, daß er ihn jemals wiederfinden würde. Der Romancier begab sich zur Sperre. Sofort fiel ihm der Eisenbahner auf, dessen Aufgabe darin besteht, zu kontrollieren, ob die Reisenden mit den erforderlichen Fahrkarten ausgestattet sind. Statt dessen jedoch las der Beamte, und sein Gesicht drückte die stärksten und verschiedenartigsten Gefühle aus. Bald lachte er, bald zeigte er höchstes Erstaunen, ja manchmal wischte er sich gar die Tränen aus den Augen. Die Reisenden aber kamen und gingen, wie es ihnen gefiel. Der Romancier trat näher und erblickte in den Händen des Eisenbahners Kanzleipapier, dessen Seiten mit einer ungleichen Schrift bedeckt waren, so als habe die Hand des Schreibenden infolge der Stöße und Erschütterungen einer Straßenbahn gezittert.

»Woher haben Sie das?« fragte er den Eisenbahner mit einer infolge seines bösen Vorgefühls gepreßt klingenden Stimme.

Dem Angesprochenen fiel es schwer, sich von seiner Lektüre loszureißen, und es verging einige Zeit, bis er die Frage schließlich verstanden hatte. Zuerst rief er nur immer: »Ist doch unerhört! Nein, so etwas! Stell sich einer vor!« und erst dann kehrte er in die Wirklichkeit zurück. Beinahe barsch erklärte er, das Manuskript habe ihm ein junger Mann gegeben, der durch die Sperre gegangen sei. Nach dieser Erklärung las er sofort eifrig weiter. Der Romancier aber eilte auf den Bahnsteig.

Hier standen ein paar Vorortzüge herum, schnauften schläfrig einige Lokomotiven. Der Schriftsteller durchsuchte Zug für Zug jedes Abteil. »Wenn er sich nicht unter einer Bank versteckt hat, kann ich mir nicht vorstellen, wohin er geraten ist«, sagte er sich. Er schaute auf den Fahrplan. Seitdem der Jüngling die Sperre durchschritten hatte, war kein Zug abgefahren.

Ratlos und niedergeschlagen suchte er weiter. Schon befürchtete er, sich im Bekanntenkreis durch seine Anrufe lächerlich gemacht zu haben. Was nützte es, daß sich ein Manuskript in seiner Hand befand? Die ganze Angelegenheit mußte jedem verdächtig erscheinen. Bestimmt würden alle glauben, er selbst habe das Meisterwerk verfaßt und wolle durch das Märchen von einem unbekannten jungen Verfasser nur Aufmerksamkeit auf sich lenken.

Jetzt irrte er an der Peripherie des Bahnhofs umher. Hier langweilten sich einzelne Waggons und ganze Güterzüge, mit denen es niemand eilig hatte. Gerade ging er an einem abgestellten Güterwagen vorbei, als er ein Summen wie aus einem Bienenstock vernahm. Aber da der Romancier beim Studium des Lebens auch einige Zeit auf dem Lande verbracht und sich mit den Problemen der Natur vertraut gemacht hatte, wurde ihm bald klar, daß dieses Geräusch nicht von Bienen oder anderen tierischen Wesen herrühren konnte.

Die seltsamen Töne kamen aus einem jener gedeckten Wagen, wie sie beim Transport von Pferden oder anderer empfindlicher Ware Verwendung finden. Er legte sein Ohr an die nach Teer, Kohlenstaub und weiten Reisen riechenden Bretter. Das Geräusch verstärkte sich, mußte also im Innern des Waggons seinen Ursprung haben. Die Schiebetür befand sich auf der anderen Seite.

Er sprang über die Schienen. Die Tür stand offen. Im Waggon saßen ungefähr sechzig junge Leute und schrieben voll Hingebung. Ihre über das Papier rasenden Federn ergaben jenen Laut, jenes regelmäßige Kratzen, das an das Summen von Hummeln erinnerte oder an ein im Anmarsch befindliches Termitenheer.

Ganz außen saß der Entflohene. Auch er schrieb. Die jungen Männer unterschieden sich kaum voneinander. Alle waren sie sauber und bescheiden gekleidet, alle hatten sie Anzüge, die von einer langen Reise zerknittert schienen. Trotz verschiedener individueller Merkmale lag in all diesen Gesichtern etwas Edles, trugen sie alle das Siegel des Genius.

Der Romancier zog seinen jungen Freund am Ärmel. Er wollte etwas sagen, etwas fragen; aber noch ehe er dazu kam, warf jener einen Blick auf ihn, der aus einer ganz anderen Welt zu kommen schien. In diesen Augen lag eine so furchtbare Gleichgültigkeit gegenüber der Umgebung, eine solche Abwesenheit und gleichzeitig eine so unglaubliche Konzentration, daß der Romancier erblaßte, den Ärmel fahren ließ und, über die Schienen stolpernd, weglief. Das unablässige Rascheln verfolgte ihn noch lange. Vor einem alten Mann in Eisenbahneruniform blieb er endlich stehen. Der Blick der alten, verwaschenen Augen, die nichts mehr in Erstaunen versetzen konnte, ließ ihn wieder zu sich kommen.

»Dieser Güterwagen«, fragte er schwer atmend und hinter sich weisend, »was hat das zu bedeuten?«

»Sie sind alle in einem plombierten Waggon gekommen«, murmelte der Alte. »Niemand weiß woher . . . Und ob sie schreiben! Die ganze Zeit. Als wir den Waggon aufmachten, kamen sie gar nicht auf die Idee, Gott zu loben oder uns einen guten Tag zu wünschen. Sie griffen bloß zur Feder. Bestimmt haben sie schon unterwegs geschrieben, aber nicht so viel, weil sie da Hunger hatten. Ihre Marschverpflegung war schon lange alle. Aber dann ist einer losgezogen und hat Semmeln geholt; jeder hat eine bekommen und einen Schluck Wasser getrunken, und heißa, wie sie jetzt schreiben! Weiß der Teufel, was da dahintersteckt.« So schloß der alte Weichensteller nachdenklich.

»Ich danke Ihnen«, flüsterte der Romancier.

»Nicht der Rede wert! Wir Weichensteller haben schon manches erlebt.«

In der Seele des Schriftstellers war alle Entdeckerfreude erloschen. Mit hängendem Kopf, von unklaren Gedanken hin und her gerissen, verließ er langsam den Bahnsteig. Es war noch ziemlich früh am Vormittag; der Gedanke, sich jetzt an die gewohnte Arbeit zu begeben, bereitete ihm Unbehagen. Als hätte er bleierne Sohlen, so schwerfällig schleppte er sich zur Stadt. Er betrat ein Restaurant. Der Kellner schlug ihm eine reiche Auswahl von Vorspeisen und Hauptgerichten vor; aber der Romancier bestellte nach kurzem Nachdenken nur ein Brötchen.

»Und ein Gläschen Wodka«, fügte er nach einer Pause hinzu.

Er hoffte, der Alkohol verhelfe ihm zur Kristallisierung seiner

Eindrücke und Bedenken, deren Formlosigkeit ihn jetzt so quälte. Mit der Semmel verband er eine besondere Absicht.

»Noch eine Semmel«, sagte er nach einiger Zeit. »Und noch einen Wodka.«

Auch zum Mittagessen bestellte er lediglich drei Semmeln mit Wodka. Aber die ihn grämende Unklarheit wollte nicht weichen. Am Nachmittag sah man ihn da und dort; sein Zustand wurde besorgniserregend. Er ging nicht nach Hause, sondern betrat bald eine Bäckerei, bald eine Bar. Am Abend hatte er insgesamt fünfzehn Semmeln verspeist; mehr bekam er einfach nicht hinunter. So beschränkte er sich auf den Wodka und verbrachte die Nacht in einem entsprechenden Etablissement.

»Nur fünfzehn!« sagte er zu dem Barmann, und dann fuhr er fort: »Angesichts des Kollektivs ist das Individuum ein Nichts... Josef, seien Sie so gut und hauen Sie dem Kerl da drüben eine herunter . . .«

Schließlich brachten ihn irgendwelche Bekannte nach Hause.

Am Morgen ließ man ihn nicht ausschlafen, obwohl er dessen so dringend bedurft hätte. Das Telephon weckte ihn. Ein Anruf folgte dem andern. Sämtliche Romanciers meldeten sich. Ihre Stimmen klangen erregt. Aus den Mitteilungen, die er empfing, ehe er von neuem in einen schweren, vom Wodka aufgedunsenen Schlaf fiel, ehe sich in seinem aus der Fassung geratenen Unterbewußtsein wieder Klumpen von Empfindungen zusammenballten und dann aufplatzten, ehe er sich wieder an die hinkende Verfolgung unfaßbarer Assoziationen machte und dennoch nur dem einzig greifbaren Nichts näherrückte, ergab sich gegen Mittag folgendes Bild:

Am Palais des Verlags, der sich auf die Herausgabe von Romanen spezialisiert hatte, war ein Taxi vorgefahren. Ihm entstiegen vier bescheiden, aber sauber gekleidete junge Männer und schleppten etwa sechzig Kilogramm Meisterwerke. Einer von ihnen rührte die Trommel; so schritten sie in das Gebäude. Sie benahmen sich zurückhaltend und korrekt. Ihre Namen kannte niemand. Der Direktor war so entzückt, daß er ihnen sofort den höchsten Honorarsatz anbot. Sie jedoch wollten lediglich, daß ihnen die Kosten fürs Papier ersetzt und Spesen für eine spartanische Lebensweise ausgesetzt würden. Sie unterzeichneten einen Vertrag und fuhren dann mit ihrem Taxi wieder ab. Die Angestellten, die sie von den Fenstern aus beobachteten, versicherten, daß sie bereits im Auto wieder anfingen zu schreiben. Die Lektoren jedoch, die sich sofort an die Durchsicht des überbrachten Materials machten, behaupteten, niemals in ihrem Leben etwas ähnlich Vollkommenes gelesen zu haben.

Der Romancier hatte einen schweren Tag. Nach dem gestrigen Alkoholmißbrauch kam er erst allmählich wieder zu sich. Aber die zahllosen Anrufe zeigten ihm, daß in der Stadt etwas ganz Außergewöhnliches vor sich ging. Die entferntesten Bekannten riefen ihn jetzt an, als seien angesichts einer besonderen Gefahr die gegenseitige Verständigung und der Halt aneinander unerläßlich geworden. Selbstverständlich riefen auch jene Kollegen an, denen der Romancier vorgestern, als noch niemand eine solche Wendung vermuten konnte, seine Entdeckung berichtet hatte. Aufgeregt begehrten sie, Einzelheiten zu erfahren. Sie erkundigten sich nach dem Befinden des jungen Genies, und als sie erfuhren, daß es entflohen sei, schrien sie auf und beendeten das Gespräch ganz plötzlich, als hätten sie es überaus eilig, in ihr Café zu kommen. Die Haushälterin jedoch ließ nichts von sich hören und erschien auch nicht, obwohl er mehrmals nach ihr gerufen hatte. Dabei quälte ihn ein schrecklicher Durst.

Schließlich rief ein Kritiker an, den alle seines unbestechlich kühlen Verstandes wegen schätzten. Dieser Anruf brachte endlich eine gewisse Ordnung in das bisherige Durcheinander. Der Kritiker wünschte, der Romancier solle ihm das Manuskript des Jünglings überlassen, damit er eine entsprechende Analyse anstellen könne.

Immer noch schwankend begab sich der Romancier in sein Arbeitszimmer. Aber das Manuskript war verschwunden. Er durchsuchte den Schreibtisch und dann das ganze Zimmer. Er wühlte im Schlafzimmer und im Salon, da er annahm, er habe es geistesabwesend dort irgendwo verlegt. Endlich kam er auch in die Küche. Die Haushälterin saß auf ihrem Bett; sie bemerkte ihn nicht, so vertieft war sie in die Lektüre des Manuskripts. Er wollte seinen Augen nicht trauen. Das schlichte Weib hatte bisher allen Aufrufen zur Volksbildung sein Herz verschlossen. Auch hatte sie es niemals zuvor gewagt, auf dem Schreibtisch ihres Herrn etwas anzurühren.

Der Romancier versuchte, ihr das Manuskript abzunehmen, aber sie leistete Widerstand. Krampfhaft hielt sie die Bogen mit beiden Händen fest, wandte keinen Blick davon ab und las mühsam halblaut Zeile für Zeile. Eine solche Gewalt hat das Meisterwerk über eine unverbildete Seele! Im Verlauf des sich ergebenden Gezerres stieß er sie etwas zu heftig, so daß sie vom Bett fiel und mit dem Kopf an das eiserne Gestell schlug. Sie lag regungslos und hielt in der Hand ein von einem Bogen abgerissenes Fetzchen, als ob sie trotz allem weiterlesen wolle. Eine stille Glückseligkeit verklärte ihre Züge. Der Romancier zog rasch seine vietnamesische Weste an und enteilte mit dem Werk.

Das Ergebnis der Analyse deckte sich mit den ersten Eindrücken. Es handelte sich um ein vollendetes Meisterwerk, das alle jemals gegenüber der Literatur erhobenen Forderungen in den Schatten stellte. Etwas Überirdisches, unbegreifliches Vollkommenes pulsierte in jedem Satz. Mit diesem Roman waren alle Begrenzungen durchbrochen, mit ihm wurde der Vorstoß in Sphären, die bis dato nicht einmal erfühlt waren, zur Tatsache. Seine Aussagen über den Sinn des Lebens waren völlig ausreichend und doch ließ er genügend offen, um gleichzeitig mitreißen und locken zu können, er stillte die von ihm entfesselte Sehnsucht und stachelte sie dennoch weiter an. Eines stand fest: nach einem Autor dieser Klasse hatte niemand mehr etwas zu sagen.

Die Erfahrungen der folgenden Tage bestätigten die Ergebnisse der Analyse. Die von der vierköpfigen Delegation der Genies beim Verlag abgegebenen Werke erschienen in unglaublich kurzer Zeit auf dem Markt, da alle übrigen im Druck befindlichen Romane zurückgestellt wurden. Im Sektor Verlagswesen herrschte Freude und Begeisterung. Nach einer Periode, da man nur mit größter Mühe einigermaßen ordentliche Werke hatte ausfindig machen können und stolzen Schriftstellern ihre zweitrangigen Arbeiten auch noch abringen mußte, hatte man auf einmal Meisterwerke en masse, bei denen sogar der Gedanke an Korrekturversuche unter den Tisch fiel. Die erste Auflage war in ein paar Tagen vergriffen; diese Bücher kaufte der Mann von der Straße und der anspruchsvolle Kenner. Jetzt fühlten sich nicht nur die Romanciers, sondern auch die Kritiker in ihrer Existenz bedroht. Angesichts solcher Werke konnte nicht mehr die Rede davon sein, Nuancen aufzuzeigen, irgendwo einzuhaken, erübrigte es sich eben, Rezensionen zu schreiben. Es war sogar sinnlos, ihr Loblied zu singen.

Die Landleute ließen ihren Pflug stehen und zogen es vor zu lesen. Die Ernte war in Gefahr. Das Vieh brüllte hungrig in den Ställen. Und dabei war bereits ein neuer Schub von Meisterwerken zu erwarten, da eine weitere Delegation der Genies, diesmal mit einem Lieferwagentaxi, beim Verlag vorgefahren war und ein paar hundert Kilo Manuskripte abgegeben hatte. Alle früher erschienenen Romane wurden beiseitegelegt und vergessen. Sie waren überflüssig. Im ganzen Land las man nur noch die neuen Bücher.

Es war eine knappe Woche seit den eingangs beschriebenen Ereignissen vergangen, als sich unser Romancier zu einem Verlag begeben wollte, der sich ausschließlich mit der Veröffentlichung von Lyrik befaßte. Bisher nämlich war lediglich der Romansektor von der neuen befremdlichen Fruchtbarkeit befallen. In seiner Aktentasche hatte unser Freund einige selbstverfertigte Gedichte, deren Ausarbeitung ihn viel Schweiß gekostet hatte, da er in dieser Sparte sich nicht zu Hause fühlte. Dennoch trug er sich mit der Hoffnung, einen Vorschuß zu bekommen. Unterwegs begegnete ihm ein bekannter, sehr angesehener Dichter.

»Du brauchst gar nicht erst hinzugehen«, sagte er finster. »Sie waren bereits da. Jetzt sind wir an der Reihe. Gestern ist ihre Lyrik-Abteilung in Aktion getreten.«

Eine Weile gingen sie schweigend nebeneinander. Der Himmel war bewölkt; Regen stand bevor.

»Vielleicht gehen wir zum Theater«, sagte der Romancier. »Lange schon erfüllt mich ein Gedanke, aus dem sich etwas machen ließe.«

Im Theater stellte sich heraus, daß gleichzeitig mit ihrer lyrischen auch ihre dramatische Sektion gestartet war und außerdem noch die Sektionen für Filmdrehbücher, Kleinkunst und Jugendbücher. Selbst die Kabaretts waren bereits den Neuen in die Hände gefallen. Am gleichen Tage noch mußte man eine Reihe von Zuschauern hinaustragen, weil sie sich krank gelacht hatten. Dies war das Signal zum letzten Gefecht.

Die Vögel setzten sich im Geäst bereits zum Schlafe nieder, als der Romancier auf einer kleinen Provinzstation aus dem Zuge stieg. Bald schon schritt er auf einem holprigen Waldpfad. Von überall her drang das Knacken trockener Äste, die unter unsichtbaren Füßen zerbrachen, der Widerhall von Schritten, das Rascheln dürren Laubwerks. Schon in der nächsten Schneise traf er auf eine Gruppe von Schriftstellern. Hier prüfte ein Stückeschreiber die Tragfähigkeit eines halbzerfallenen Stegs, dort besserten hervorragende Kritiker einen Damm aus, und plötzlich brach der Märchenonkel aus einem Haselgebüsch. Von der Schonung her drang das Kreischen eines Eichelhähers. So riefen die Avantgardisten die Ihren mit dem verabredeten Signal zusammen. Die Authentisten aber gingen, als ständen sie still. Ein Anhänger des Realismus beobachtete, während er rüstig ausschritt, das Leben der Ameisen, die Verfasserin bekannter

Kinderbücher aber scheuchte das Füchslein, das sich den Hals nicht gewaschen hatte, aus seinem Versteck, um bald darauf forschend das Ohr an eine Baumhöhle zu legen. Die verheißungsvollen Debütanten aber rissen da und dort ein Bäumchen aus und bemühten sich, überall ihre Losung zu hinterlassen. Ein Unbekannter jodelte.

Laut, überschäumend und mutig eilte das wackere Volk neuen Taten entgegen. Von überall her waren die Abteilungen zusammengeströmt; manche dieser Recken hatte der Herold beim Melken getroffen, beim Umgang oder Feiern, und all dies hatten sie stehenden Fußes verlassen, um dem Ruf zu folgen, der an sie ergangen war.

Sie kamen zusammen im malerisch auf einer Waldwiese gelegenen Jagdschlößchen, wo Thingstätte und Betten vorsorglich gerichtet waren.

Als der letzte Spätling mit Blattwerk im Haar atemlos aus dem Wald gekeucht kam, wurden die Türen geschlossen und die hellhörigsten Kritiker als Wachen ausgestellt. Alle waren sich des Ernstes der Lage bewußt und bequemten sich daher zu einer vorbildlichen Disziplin. Nicht einmal bei der Leibesvisitation kam es zu Zwischenfällen. Einigen allerdings war es bereits gelungen, Alkohol aus Eicheln zu saugen; diese wurden in den Alkoven der Eckkemenate geschickt.

Knapp waren die Eröffnungsworte des Vorsitzenden. Er wies lediglich darauf hin, daß der Kongreß in diesem abgelegenen Winkel offiziell als Gedächtnistreffen für einen längstverstorbenen Volksdichter angekündigt war, der mit seinen schlichten Worten die Schönheit der Gegend besungen hatte. Es könne jedoch als bekannt vorausgesetzt werden, daß nicht aus diesem Grunde sich so viele auf den Weg gemacht hätten:

»So schlage ich denn vor, eine Schweigeminute zu Ehren dieses Dichters einzulegen und dann zur Sache zu kommen.«

So geschah es mit dem Einverständnis aller. Dann erhob sich ein Mitglied der Kommission und hub also an:

»Mir ist die Aufgabe zugefallen, ein allgemeines Licht auf unsere Lage zu werfen. Ich habe jedoch den Eindruck, daß dieselbe allen hinreichend bekannt ist. Das einzig Tröstliche sind die Einmütigkeit und die Brüderlichkeit, die unter uns . . .«

»Zuerst muß Wladek ausgeschlossen werden, weil er ein Schweinehund ist«, ertönte eine Stimme aus dem Saal.

»In unerschütterlicher Einmütigkeit«, sage ich noch einmal. »Da sehe ich vor mir Debütanten und Invaliden der Feder, Realisten und die Vertreter der am weitesten vorangetriebenen Spitze. Aber kommen wir zur Sache. Auf dem Büchermarkt erscheinen neuerdings die Werke teuflisch begabter Autoren. Woher kommen diese Autoren? Meine Damen und Herren, das dürfte Sie interessieren. Seit geraumer Zeit schon werden Ankömmlinge aus dem Kosmos erwartet. Man schreibt ihnen die phantastischsten Gestalten zu und macht sich bei ihnen auf das Außergewöhnlichste gefaßt. Freilich hat niemand angenommen, daß es sich dabei ausgerechnet und ausschließlich um Literaten handeln würde, denen das Wort des Absoluten zur Verfügung steht. Keine geheimnisvollen Strahlungen, keine neuartige Energie, keine unerhörten Maschinen, sondern eben die Genialität im Bereich der Literatur! Ihr Eintreffen war für uns Spezialisten des Wortes ebenso niederschmetternd, wie es zum Beispiel für unsere Ingenieure gewesen wäre, wenn es sich zufällig um geniale Techniker und Konstrukteure gehandelt hätte. Zu unserem Unglück traf dieser Schlag uns und nicht die Ingenieure.«

»Schweinerei! Schiebung!« rief jemand aus dem Saal.

»Wir brauchen uns nicht zu wundern, wenn die Verlagsanstalten jetzt unsere Arbeiten verschmähen und sich nur noch mit den Zugereisten befassen. Seien wir ganz ehrlich. Angesichts des Absoluten und des rätselhaften Alls ist keiner von uns besser oder talentierter als die andern.«

»Da können Sie nur in Ihrem eigenen Namen sprechen, merken Sie sich das! Das ist Ihre Angelegenheit, wenn Sie nur Durchschnitt sind!« kam es aus dem Saal.

»Und nun einige Worte zu der Frage, warum wir unsere Versammlung nicht in aller Offenheit einberufen konnten, sondern zu dieser Dichterehrung unsere Zuflucht nehmen mußten. Das ganze Land ist in die neuen Autoren vernarrt. Sogar Familien, die bisher in bester Eintracht lebten, reißen sich ihre Werke aus der Hand. Die Druckereien kommen überhaupt nicht mehr nach. Stellt euch also vor, Kollegen, welchen Eindruck eine solche Versammlung machen müßte. Unser ganzes Leben lang haben wir uns damit abgerackert, der Vollkommenheit, dem Geheimnis näherzukommen. Ich möchte sogar behaupten, daß wir gerade aus diesem Grund von so viel Achtung umgeben waren. Und plötzlich treten diese Wesen auf, die Erfüllung unserer Träume sind, Vollkommenheit und Geheimnis personifizieren. Wir aber, statt uns zu demütigen, hosianna zu rufen, das Ereignis, die Offenbarung und das Werk zu rühmen, ziehen uns in den Schmollwinkel zurück, sind verstimmt, ja, berufen gar eine

Versammlung gegen die Sendboten des Absoluten ein. Wie würden wir dastehen, was sollte die öffentliche Meinung von uns halten? Vielleicht stellt ihr euch jetzt die Frage, insgeheim oder öffentlich, die Versammlung findet jedenfalls statt, und wie stehen wir nun vor uns selber da? Gestattet, daß ich darauf nicht eingehe, sondern das Problem jedem einzelnen überlasse, auf daß er selbst seine Antwort darauf finde . . .«

Stimmen: »In den Verlagsanstalten ist alles Protektion . . . Geben Sie mir meinen Notizblock zurück? . . . Was ist hier eigentlich los?«

»Ich wiederhole es noch einmal: dem Absoluten gegenüber stehen wir alle nur auf einer Stufe.«

Stimmen: »Und wie wird das jetzt mit den Stipendien?«

»Nach diesen kurzen Ausführungen schlage ich vor, wir sollten keine weitere Zeit mehr mit der Erörterung der Angelegenheiten verlieren, deren Bedeutung für uns außer Frage steht. Beschränken wir uns nun auf das Problem, wie wir uns verteidigen können, obwohl, wie ich gestehen muß, unsere Aussichten ungemein gering sind.«

Im Saal herrschte große Unruhe. Niemand schlief. Einige riefen: »Los, denen werden wir's zeigen! Wo ist Kazik?« Andere dagegen mahnten zur Mäßigung. Es war schon ganz dunkel geworden, und vor dem Fenster stand der Wald als schwarze Wand. Jemand brachte elektrische Glühbirnen. Die Kritiker auf Posten riefen sich ihr »Allzeit bereit!« zu. Die Hungrigsten packten ihre Butterbrote aus.

Als nächster gab der Leiter der Spionageabteilung des Hauptvorstands seinen Bericht. Im Gegensatz zu seinem Vorredner vermied er allgemeine Schlußfolgerungen, aber von ihm erwartete man es nicht anders. Mit leiser, jedoch vernehmlicher Stimme erteilte er seine Informationen, wobei er sich auf Tatsachen und Statistiken stützte. Die Versammelten erfuhren, daß die Junggenies kaserniert und in vier Grundeinheiten, sogenannte Schreibanien, eingeteilt waren. Diese wiederum bestanden aus Skriberiegen zu je fünf Mann. Je zwei Schreibanien bildeten ein Kulturion. In die Stadt gingen sie nur gruppenweise und nur dann, wenn ein Transport fertiger Meisterwerke fällig war. Nach Unterzeichnung der Verträge und Entgegennahme der Vorschüsse begab sich die betreffende Delegation in vorbildlicher Ordnung in die Zitadelle zurück.

Stimme: »Wieviel bekommen sie pro Bogen?«

Den Auskünften der Nachrichtenmänner zufolge arbeiteten

die Genies sehr gleichmäßig und bedienten sich dabei einer Methode, die dem Infanteriereglement für Sturmangriffe entsprach. Dieses bestimmt bekanntlich, daß, während die eine Schützenkette vorrückt, die andere liegen bleibt und ersterer Feuerschutz gewährt – und dann umgekehrt. So arbeiteten auch die Genies. Die eine Hälfte schrieb, und die andere las, was die einen zustandegebracht hatten. So schulten sie sich gegenseitig und wurden noch vollkommener. Dementsprechend erwies sich die Hoffnung, die Qualität müsse bei einer so intensiven Produktion gelegentlich zu wünschen übrig lassen, als trügerisch. Außerdem garantierte ihnen dieses System völlige Autarkie.

Stimme: »Vielleicht sollte man mit ihnen mal Wodka trinken.«

Der Redner erklärte mit gleichmäßiger, leidenschaftsloser Stimme, daß sich die Genies bescheiden, aber gesund ernährten. Sie vermieden rauchige Lokale, machten vor dem Schlafengehen einen Spaziergang, trieben Gymnastik und gingen grundsätzlich vor Mitternacht ins Bett. Sie tranken ausschließlich abgekochtes Wasser und auch das nur in kleinen Mengen.

Erst jetzt verstanden die Versammelten, in welch schwieriger Lage sie sich befanden. Im Saale herrschte betretene Stille. Hinter den Fenstern ging der Mond auf. Jemand verlangte mit gepreßter Stimme, man solle die Glühlampen schneuzen.

Der Redner berichtete dann über die Versuche, die unternommen wurden, um die Popularität der Genies zu vermindern. Entschlossene, zu allem bereite Schriftstellerfreiwillige begaben sich, als Leser verkleidet, in die öffentlichen Bibliotheken und versuchten dort den Leuten die Meisterwerke madig zu machen. Sie wurden jedoch so scharf zurückgewiesen, daß man diese Versuche als aussichtslos einstellte. Der Redner wandte sich mit der Bitte um Vorschläge an die Versammelten. Jemand meinte, man solle die Leser verprügeln. Da erhob sich der Romancier und überzeugte an Hand des Zwischenfalls mit seiner Haushälterin die Hörer von der Zwecklosigkeit dieser Methode. Schließlich begann man über die Möglichkeit einer Verbesserung der eigenen Werke zu beraten. »Wir brauchen mehr Inspiration.« – »Man sollte grundsätzlich nur bei Kerzenlicht schreiben.« – »Wladek muß aus dem Schriftstellerverband hinausgeworfen werden.« – »Machen wir eine Kampagne, um Neuzugänge zu gewinnen.« Mehr kam bei der stürmischen Diskussion nicht heraus.

Da erhob sich ein Schriftsteller, der in einer hinteren Reihe an der Seite gesessen hatte und den die Versammelten voll Respekt anblickten, obwohl er bisher kein Wort gesagt hatte. Dieser stattlich gewachsene, beim Schreiben ergraute Mann hatte ein von der Ideengewinnung für Stücke und Novellen durchfurchtes Gesicht. Im Saal entstand erwartungsvolles Gemurmel. Er aber warf den Versammelten seinen hellen und klaren Blick zu und begann dann mit überzeugender Bruststimme:

»Kollegen, Brüder, unser Landtag geht seinem Ende entgegen, und da müssen wir feststellen, daß wir zwar viele treffliche Bemerkungen gehört haben, daß es aber unmöglich ist, aus diesen einen einheitlichen Gedanken, eine Leitidee abzuleiten. So lasset uns doch die Sache der allgemeinen Rettung jetzt in die Hand nehmen.«

Wieder herrschte Schweigen im Saale, und alle hefteten den Blick auf den neuen Hetman. Der goß sich dann und wann einen Schluck Wasser ein und fuhr fort:

»Unsere Kundschafter haben uns mitgeteilt, daß die Genies gemeinsam und gleichmäßig schreiben. Wir aber haben uns zerstreut und vereinzelt, und statt einer Schlacht liefern wir nur Scharmützel. Ich sehe nur einen Ausweg: Lasset uns unsere Kräfte zusammenschließen und allen Eigennutz aufgeben. Jeder halte sich bereit und begebe sich unverzüglich an den ihm zugewiesenen Platz. Wir müssen ein befestigtes Lager anlegen. Dort werden wir die Gedanken und Talente konzentrieren und im Austausch der Ansichten wie der Themen mit Hilfe von Diskussionen und Tagungen tüchtige Werke schaffen, die den Rivalen zumindest einen hinhaltenden Widerstand zu leisten vermögen. Auf, ins Lager!«

»Ins Lager!« ertönte es wie aus einem Munde. Die soeben noch vom Zweifel angekränkelten Gemüter erfüllte jetzt ein neuer Geist. Ins Lager! der Schrei erschütterte die Mauern des alten Sitzes, drang auf den Burghof hinaus und prallte gegen den schwarzen Wall des Waldes, so daß alle Hunde der Umgebung erwachten und zu heulen begannen, und der Pechbrenner, der mitten im Urwald ein halb tierisches Dasein führte, von seinem Strohlager hochfuhr und am Balken nach dem Hackebeil tastete. Sie aber fielen einander in die Arme, benetzten sich gegenseitig mit ihren Tränen und boten fürwahr einen erhebenden Anblick. Männer, die einander seit undenklichen Zeiten spinnefeind waren, schlossen jetzt den Bund der Freundschaft, der Knappe legte seine Hand in die des Greises, und der Mann in der

Blüte seiner Jahre stand Wange an Wange mit der Debütantin, als wäre sie seine Schwester. Alle weinten und waren sehr glücklich.

Der Romancier, der in einer der hinteren Reihen gesessen hatte, ging mitten durch den Tumult hinaus. Die Nacht empfing ihn mit dem eisigen, grünlichen Schein des Mondes. Er schauderte so sehr zusammen, daß er sich ein Hosenbein naß machte. Greulich schrie vom Turm ein Käuzchen. Den Romancier aber erfaßte eine böse Vorahnung.

Durch Feld und Wald eilten die Schriftsteller, mit Schreibmaschinen bewaffnet und unter Mitführung ihrer Gemahlinnen, dem Bestimmungsort entgegen. Die Wahl des Oberbefehlshabers war auf einen Winkel gefallen, von dem man seit langem schon wußte, wie bekömmlich für die Inspiration er war. Auf der einen Seite erfreute die Seele ein breiter Fluß mit zahlreichen, halb versandeten, von Weidengebüsch umstandenen Armen, auf der anderen Seite schoben sich Schluchten und Hügel gegen den Fluß vor. In diesem Halbkreis lag ein Städtchen, dessen Verteidigung zwei altertümliche Burgen gewährleisteten. Dem eilten sie entgegen durch bräutlich weiß erblühte Obstgärten und wirbelten dabei den Staub der Wege auf. Das Bauernvolk eilte vor seine Hütten und rieb sich die Augen, da es von dem Glanz der Brillen und der hohen Stirnen, aber auch vom Schick der fremdländischen Kleidung geblendet wurde. Sie aber schritten munter fürbaß und sparten nicht mit Scherzworten, als gälte es nicht einer schweren Aufgabe, sondern Gesang und Spiel entgegenzugehen.

So fröhlich können nur Kinder sein oder Auserwählte, denen das Glück der Unschuld von neuem zuteil ward.

Den Romancier quälte ein seltsames Schuldgefühl. Aber er erfüllte doch seine Pflicht, hatte sein Wort mitgesprochen und kämpfte jetzt, Schulter an Schulter, zusammen mit den andern. Niemand hatte ihm ein böses Wort gesagt, ihn schief angesehen. Er jedoch dachte daran, wie er damals beim Beginn des Unheils, in der Milchbar, beteiligt war, und grämte sich, obwohl er nichts Arges getan hatte.

An einem Abend, im zweiten Monat der Belagerung, besichtigte der Oberbefehlshaber die Arbeit auf den Wällen, die nicht sehr zahlreich, aber gut verschanzt waren. Aus dem Innern des Landes hatte das Häuflein der Belagerten lange schon keine Nachricht mehr erhalten. Immer wieder versuchten Freiwilligentrupps neue Werke in die Außenwelt zu schleusen und blieben verschwunden. Auch im Lager selbst stand es nicht zum besten. Die Themen, Thesen, Ideen und roten Fäden gingen allmählich aus. Das noch Vorhandene wurde auf Befehl des Kommandeurs eingelagert und in schmalsten Rationen den Bedürftigsten zugeteilt. Ab und zu kam es bereits zu Zwistigkeiten unter den Belagerten. Freilich schrieben sie noch alle, aber die Frage »worüber« bereitete jetzt schon manchem Kopfzerbrechen. Nach außen allerdings war die Disziplin immer noch recht gut.

Aus dem Ried stieg Nebel und erfüllte mit milchigem Dunst die Schluchten. Der Romancier war von seiner Kompanie als Ordonnanz abgestellt worden und trug dem Oberbefehlshaber die schwere Schlachtfeder hinterher.

»Der Zug ›Jünger des Pegasus‹ murrt schon wieder. Die Leute behaupten, ihre Rationen seien zu knapp«, meldete ein Fähnrich.

»Mit diesem ungebildeten Volk hat man immer seine Scherereien«, sagte der Oberbefehlshaber. »Früher haben ganz andere Rationen reichen müssen. Aber was ist denn da vorne los?«

Der stellvertretende Lagerkommandant ließ sich das Perspektiv reichen, hielt es vors Auge und sagte dann:

»Ich kann nichts sehen, Euer Hochwohlgeboren.«

Jetzt blickte auch der Artillerievorsitzende durchs Fernrohr:

»Da ist schon was, aber was, läßt sich nicht sagen«, erklärte er.

Alle schauten betreten und schweigend vor sich hin. Die Dämmerung rückte jetzt schon gegen die Spitzen der Hügel vor. Die Farbe des Flusses wurde bleiern. Vom Lager her trug der Wind der Troßknechte Lärmen.

Da trat der Romancier einen Schritt vor.

»Gestatten Sie, daß ich auf Spähtrupp gehe und nachsehe?«

Lange blickte der Oberbefehlshaber ihm in die Augen, dann legte er ihm die Hand auf die Schulter und sagte schlicht:

»Geh!«

Noch vor Mitternacht, als er die Sumpfwiesen bereits glücklich umgangen hatte, geriet er ins Schilf. Manchmal legten die über den Himmel rasenden Haufenwolken die Mondscheibe frei, dann verharrte er regungslos und tat, als sei er ein Wasservogel oder ein Schilfrohr. Er hielt den Atem an und spitzte die Ohren; sobald sich aber die wolligen, zottigen Wolken wieder vor den Mond geschoben hatten, glitt er vorsichtig, auf jeden Schritt achtend, voran.

Irgendetwas gluckste in der Nähe. War es eine Barbe, ein Wasserhuhn oder das Unbekannte?

Ihm perlte der Schweiß auf der Stirn. Wieder war die Wolkenherde weitergezogen, und auf dem Fluß glitzerten zahllose schlangenförmige Schuppen.

Der Schriftsteller dachte an sein stilles Arbeitszimmer, an der Lampe milden Schein, seine literarische Arbeit, die schwach und fehlerhaft sein mochte, aber dennoch menschlich blieb und nicht den schrecklich kalten Atem der Vollkommenheit hatte, die, aus der Asche eines Sterns vielleicht, in ihr Leben eingebrochen war.

Aber noch ein wenig Mut! Er brauchte ja nur die Böschung hinaufzuklettern, und dann war er am Ufer. Als er oben war, faßte er wieder Hoffnung. Er blickte zurück. Das Lager hatte er weit hinter sich gelassen; er erkannte es nur noch an den Feuerstätten der Wachen. Das Herz krampfte sich ihm zusammen. Dort drüben schliefen seine lieben Kollegen, erholten sich für die morgige Mühsal des Schreibens.

Jetzt war noch eine kleine Wiese zu überqueren. Aber was war das? Traten nur die Wolken auseinander? Der Mond zeigte abermals sein ekelhaft rundes Gesicht – und auf der hellen Wiese stand der Romancier Auge in Auge mit dem Absoluten. Er wich zurück. Hinter ihm stand eine riesige Eiche mit sperrigen Ästen. Er lehnte sich an sie, denn irgendetwas muß der Mensch ja hinter sich haben.

Er zückte seine treue Waterman-Feder und umkrampfte sie mit beiden Händen. Er wußte, daß ihm keine Hoffnung blieb, wollte sich dennoch nicht ergeben und bereitete sich darauf vor, mit dem Absoluten zu polemisieren.

Wenig später ertönte im Eichenhain das Kratzen einer munteren Feder.

Frühlingserwachen

Ich saß auf einer Bank im Park. Den Platz hatte ich mir sorgfältig in einer Seitenallee ausgewählt, die in eine kreisförmige Anlage mündete. Um die Tulpenbeete dieser Anlage führte ein geschotterter Weg. Hinter mir, mitten in einem Fliedergebüsch, befand sich ein kleines, aber geschmackvolles Denkmal des Prometheus. Gerade riß ihm der Geier die Leber heraus, aber der Künstler hatten dem Antlitz der Gestalt dennoch den Ausdruck jenes würdevollen Stolzes verliehen, dessentwegen wir zu Recht dieses Heroen bis auf den heutigen Tag gedenken. Vor mir hatte ich den wundervollen Anblick der Seitenallee, die sich unweit meiner Bank mit der Hauptallee verband. Es war am Vormittag; dieser Teil des Parks lag völlig leer; von Zeit zu Zeit zogen über den heiter rauschenden Baumwipfeln kleine Wölkchen hurtig am strahlenden Himmel vorbei. Dieser Frühling verlieh manchen Hoffnungen neuen Auftrieb. Blinzelnd gab ich mich ganz dem warmen Sonnenschein hin.

Nach einiger Zeit kam von der Hauptallee her ein kleines, vielleicht siebenjähriges Büblein und trippelte auf mich zu. Der liebe Kleine hatte aschblondes Haar und gesunde rote Wangen. Er marschierte gerade vor sich hin, weder nach rechts noch nach links einen Blick werfend. Sicherlich hatte es ihm der Anblick der flammenden Tulpen angetan. Auf seinem Gesichtchen bemerkte ich einen Ausdruck des Ernstes und der Gesammeltheit, manchmal blies er in einer lustig-kindlichen Geste des Trotzes die Wangen auf. Wie gut doch diese kleine Gestalt zu der jungen Frühlingswelt ringsum paßte! Unwillkürlich mußte ich voll Rührung lächeln.

Als er um das Tulpenbeet herumging, hatte er noch immer nichts von seiner kindlichen Entschlossenheit verloren. Auf dem geschotterten Weg kam er, die Augen jetzt fest auf mich gerichtet, immer näher. Und auch jetzt blies er wieder so rührend kindlich die Wangen auf. Schon sah ich, wie der Wind mit seinen goldenen Locken spielte. Auch als er das ganze Beet umkreist hatte, blieb er nicht stehen, sondern kam ohne zu zögern auf die Bank zu. Ich bereitete mich darauf vor, ein freundliches Gespräch mit ihm zu beginnen und ihn das Übergewicht meiner Jahre und Erfahrungen nicht fühlen zu lassen. Jetzt trat er gerade vor mich hin, und mit einem eindeutigen Ausdruck der Erleichterung erbrach er sich auf meine Weste. Grütze und Eierchen schien er zum Frühstück gegessen zu haben. Übrigens blies er jetzt die Wangen nicht mehr auf. Er drehte sich um und setzte sich ein paar Schritt abseits auf den kiesbestreuten Weg, wo er mit den Steinchen zu spielen begann. Er beachtete mich nicht mehr im geringsten. Ich erhob mich.

Alles schien meinen Absichten entgegenzukommen. Ich war hundertmal stärker als er. Ich blickte mich um: keine Menschenseele, und vor den abgelegeneren Teilen des Parks verbarg uns das Gebüsch. Ein kaltes Lächeln trat auf mein Gesicht. Ich hatte bereits den ersten Schritt getan, als mir ein Gedanke Einhalt gebot.

Dieser Kleine wird nicht immer ein Kind sein. Was soll aus ihm werden? Kinder wollen im allgemeinen den Beruf des Straßenbahnschaffners, des Schornsteinfegers oder Offiziers ergreifen. Ich ging rasch jede dieser Möglichkeiten durch. Das Gedächtnis der Kinder ist einprägsam wie Wachs, jedes Ereignis hinterläßt darin tiefe und unauslöschliche Eindrücke. Nehmen wir an, er würde Straßenbahnschaffner. Schon erblickte ich auf dem goldenen Schopf eine Dienstmütze. Und ich hörte die mitleidslosen Worte: »Überfüllt, Abfahrt! Zurücktreten! Lassen Sie sofort den Griff los!«

Meine Vorstellung war so stark, daß ich nunmehr mit neuer Aufmerksamkeit auf den Kleinen blickte. Aber er hatte mir den Rücken zugewandt und spielte in aller Ruhe mit seinen Steinchen. Er war so ruhig, wie es nur die Zukunft der Nation zu sein vermag. Schornsteinfeger? Jeder weiß, was alles ein Schornsteinfeger anstellen kann. Wer vermag ihm schon in seine luftigen Höhen nachzuklettern, um ihm auf die Finger zu sehen? Wer kann es verhindern, wenn er mir meinen Ofen ruinieren will? Und je älter ich werde, um so mehr bin ich auf Wärme angewiesen. Offizier? Jetzt erblickte ich eine schneidige Leutnantsmütze über der rosigen Stirn, sah den Exerzierplatz, und darauf standen frisch eingezogene Reservisten, und ich war meines hohen Wuchses wegen der rechte Flügelmann.

Ich wich einen Schritt zurück. Nein, ich konnte mein Vorhaben nicht ausführen, aber auch nicht völlig darauf verzichten.

Dann reiße ich ihm eben die Beine nicht aus, dachte ich mir. Doch das bedeutet noch lange nicht, daß er etwas zu lachen haben wird. Und wieder machte ich einen Schritt auf ihn zu.

Aber bestand auch nur die geringste Sicherheit, daß er sich zu einem dieser von den Kindern erträumten Berufe entschlösse? Unter dem Einfluß seiner Eltern, der Lektüre oder einfach dem Zuge der Zeit folgend, könnte er auch auf andere Weise seinen Lebensunterhalt verdienen. Zum Beispiel als Kassenarzt. Warum sollte er nicht Leiter eines Geschäfts werden oder Beamter? Welche Gründe hätte ich, um eine solche Möglichkeit als unwahrscheinlich abzutun? Jetzt erschien mir das Goldhaar in einem dunklen Korridor. Der kleine Herr ging rasch, trat energisch auf, trug ein Bündel Akten unterm Arm und hielt sein Köpfchen, das der wartenden Menge nur bis zum Gürtel reichte, unnahbar hoch. Ein Raunen der Hoffnung war durch unsere Reihen gegangen, als sich die Tür geöffnet hatte, und ein Seufzen der Enttäuschung, als er, ohne uns zu beachten, in einer anderen verschwand.

Wiederum wich ich einen Schritt zurück und fuhr mir durchs schütter werdende Haar. Schweißtropfen traten mir auf die Stirn.

Nein und noch einmal nein! Ich kann mich nicht beherrschen. Es darf ihm nicht ungestraft durchgehen. Auch unter dem Gesichtspunkt der Pädagogik wäre das falsch. Wohin kämen wir, wenn wir bei allen Untaten der jungen Generation einfach beide Augen zudrückten? Wenn ich ihm jetzt keine lange, kann das nur der moralischen Gesundheit der Nation zum Schaden gereichen. Heute auf meine Weste und morgen auf unsere Traditionen, auf die Volkskunst, auf das bessere Morgen, auf unsere historischen Filme. Nein, ich darf nicht davon Abstand nehmen, ihn der gerechten Strafe zuzuführen.

Aber da tauchte plötzlich ein neues Bild vor mir auf und zerschlug mir meine wohlbegründeten Überlegungen, so daß ich aufstöhnte und mir nach dem Herzen griff.

Schon ging es nicht mehr um den Lärm der Ämter, um Handel und Wandel, Waffengeklirr und das Quietschen der Straßenbahnen. Ich sah mich als alten Mann an der Schwelle eines großen, hellen und stillen Zimmers stehen. Ein riesiger Teppich bedeckt den Boden, auf dem Schreibtisch aus Nußbaum drei Telephone. Wasserblaue Augen blicken von der Akte auf. Ich höre eine Stimme: »Sie wünschen?« und ich stottere: »Ich komme meiner Altersversorgung wegen, Herr Direktor.«

Manche bringen es weit; auch die Sessel der Direktoren, Präsidenten und Vorsitzenden müssen besetzt werden.

Aber warum nur bis zu den hohen Posten? Und die höchsten?

Plötzlich wurde es etwas dunkler. Ich blickte in die Höhe. Ein Wölkchen hatte die Sonne verdeckt. Vor diesem grauen Hintergrund wiegten sich majestätisch himmelhohe Baumkronen.

Ich trat ein paar Schritte vor. Aber da er immer noch völlig mit seinem Steinchenspiel beschäftigt war, ging ich vorsichtig um ihn herum und stellte mich dann vor ihn, wobei ich ein wenig in die Anlage geriet und ein paar Tulpen niedertrat.

»Exzellenz«, sagte ich gerührt, »ich bin glücklich.«

Mein Vater betrat die Diele und reinigte sich ganz automatisch die Schuhe auch noch auf dem zweiten Fußabstreifer, dem besseren, der sich innerhalb der Wohnung befand. Der erste, aus einem Lumpen hergestellte, lag vor der Tür im Treppenhaus.

In der Diele war es gewöhnlich dunkel. Licht erhielt sie nur durch die Schlafzimmertür, deren obere Hälfte aus Milchglas bestand. Aber an diesem Tag mußte er voll Beunruhigung einen neuen Schein wahrgenommen haben, oder genauer gesagt den Abglanz eines Scheines, der gerade noch feststellbar war und die Düsternis keineswegs erhellte. Er blieb, immer noch in seinem marengofarbenen Mantel, stehen und suchte nach der Quelle seiner Unruhe. Er fand sie erst nach einer kleinen Weile, wie das gewöhnlich der Fall ist, wenn sich der unbekannte, aber gesuchte Gegenstand oberhalb unseres gewöhnlichen Blickfeldes befindet.

Aus dem dichtesten Dunkel unterhalb der Decke tauchte, senkrecht mit der Spitze nach unten hängend, ein nacktes Schwert.

Der große quadratische Raum diente zum Ablegen der Überschuhe und Mäntel an der Flurgarderobe, auch standen in der Ecke Koffer mit alten Sachen. All das hatte plumpe, undeutliche, im Halbdunkel verschwimmende Formen. Jetzt schwebte darüber, hell und kühl, das vollkommen gerade Schwert, mit einer die Klinge entlang verlaufenden Rille. Das ganze Schwert schien in diese Spitze zu münden, in diesen Punkt an der Grenze von Metall und Luft, der so erschreckend war, daß es einen im Rükken kribbelte, wenn man länger auf ihn schaute.

Mitten in der Diele hing es an einem Haar.

Der Vater war empört. Er wußte nicht, handelte es sich um eine Nachlässigkeit oder um einen dummen Scherz. Um den Übeltätern keine Genugtuung zu geben, zeigte er nicht, wie sehr ihn die Sache beschäftigte.

»Franziska, räumen Sie das Ding weg«, rief er mit gespielter Lässigkeit in die Küche. Er drückte sich die Wand entlang, hängte seinen Mantel auf den Kleiderbügel und verschwand im Speisezimmer.

Ich beobachtete die ganze Szene vom Badezimmer aus, wo sich auch das Klosett befindet. Licht hatte ich nicht gemacht. Ich suchte diesen Raum gerne auf, weil sich dort einzelne Seiten aus Romanen befanden, von denen man annahm, daß sie von den Kindern zwar nicht verstanden würden, aber dennoch in ihnen eine vorzeitige Unruhe wecken könnten. Um jene Bücher zu vernichten und nicht in meine Hände gelangen zu lassen, wählten meine Eltern diesen praktischen, aber wie sich zeigte, erfolglosen Weg.

Für einen Augenblick war die Diele leer. Während ich im völligen Dunkel stand, sah ich, wie die Schneide sich in dem unbewegten Zwielicht als schwacher, an einen unterirdischen See erinnernder Schein auf dem schwarzen, frisch gewachsten Linoleum abzeichnete.

Franziska, das Dienstmädchen, nahm das Schwert nicht ab. Es hänge zu hoch, murmelte sie. Es gab einen Auftritt. Franziska verließ uns. Ich war noch ein Kind. Daß der Vater sich selbst nicht zu helfen wußte, obwohl er doch sonst häufig mit hochgekrempelten Ärmeln am Ausguß herumhantierte oder an den Sicherungen neben dem Zähler, und daß auch keine Handwerker kamen, die alles mit beruflicher Fertigkeit und Erfahrung in Ordnung zu bringen wissen, das gab mir damals keineswegs zu denken und verwunderte mich nicht. Ich lag auf meinem Lieblingsplatz, dem Teppich im Speisezimmer, las Fetzen eines verbotenen Romans und schaute durch die halboffene Tür ins Zwielicht der Diele. So wartete ich auf die Rückkehr des Vaters. Geräuschvoll reinigte er seine Schuhe, als wolle er keinen Verdacht aufkommen lassen, daß er Angst habe.

Unsere seltenen Gäste wurden loyal gewarnt: »Bitte hier die Wand entlang. Wir halten es für alle Fälle und auch als Schmuck.« Hätten wir zum Bohnern nicht einen langstieligen Besen gehabt, so wäre die Dielenmitte niemals gewachst worden. Sie hatte jedoch immer ihren gleichen schwarzen Glanz und unterschied sich von ihrer Umgebung nur in meiner Vorstellung.

Ich lag klein zwischen den Mustern des Teppichs und hielt dieses gelbe Buch, von dem ich nicht wußte, wie es hieß, begann und endete, in den Händen, ohne darin richtig zu lesen. Da ich alles, was ins Badezimmer geliefert wurde, eifrig durchforschte, war ich schließlich auch der Illustrationen habhaft geworden. Eine weiße, nackte Gestalt streckte ihre Beine über die Balustrade eines Balkons, eine zweite, ebenfalls nackte, wenn auch etwas anders, rang die Hände. Im Alkoven befand sich ein Bett und am Himmel die Sichel des Mondes. Das Bild war schwarz auf weiß.

Manchmal kam es vor, daß ich einen langen Nachmittag über

allein in der Wohnung war. Dann öffnete ich alle Türen, die auf die Diele führten. Aus jedem Winkel der Wohnung sah ich im Halbdunkel die klare, einfache und immer unbewegte Schneide mit ihrem tiefen, reinen Glanz. Die völlige Einheit ihrer Gestalt, ihres Stoffes und ihres inneren Lichtes zogen mich mehr an als der aufdringlich rote Schein der Sonnenuntergänge im Schlafzimmerspiegel.

Vater erstickte während des Abendessens an einer Fischgräte. Noch heute ist es mir peinlich, wenn ich daran denke, daß er auf eine solche Weise ums Leben kommen mußte, während unmittelbar daneben in der Diele von der Decke an einem Haar das nackte Schwert hing.

Das Haus an der Grenze

Als wir gerade bei Tisch saßen und unser Abendbrot verzehrten, betraten einige Herrn im Frack, den Zylinder auf dem Kopf, die Stube.

»Guten Abend«, sagten sie. »Wir sind vom Obersten Internationalen Rat.«

Uns war es etwas unangenehm, daß wir unerwartet solche Gäste bekamen, denn wir sind arme Leute vom Bauernadel. Wir aßen unsere Klöße, und die Strohsäcke waren bereits für die Nacht auf dem Boden ausgebreitet.

Wir baten die Herren zu Tisch, aber sie lehnten höflich ab, wie das eben bei Diplomaten Sitte ist.

»Wir haben soeben in Paris beschlossen, daß hier die neue Grenze zwischen den Westmächten verlaufen soll. Essen Sie ruhig weiter. Wir legen nur die Grenze fest und gehen dann.«

»Warum gerade hier?« fragten wir. »Könnte die Grenze denn nicht über den Hof oder hinterm Haus verlaufen?«

»Nein«, sagten sie. »Es muß eine natürliche Grenze sein. Das heißt, die eine Macht muß Zugang zu eurer Speisekammer und die andere zu eurem Büfett haben.«

»Nun gut, ziehen Sie diese Grenze, aber reißen Sie uns dabei nicht den Fußboden heraus«, sagte meine Schwiegermutter zu den Diplomaten.

Diese baten um einen Fuchsschwanz und sägten die Tischecken ab; denn der Tisch mußte natürlich rund sein, und sie hatten keinen eigenen dabei. Sie nahmen nicht einmal das Wachstuch ab. Dann nahmen sie Platz, um die Grenze festzulegen.

Wir gingen in die Küche, damit wir sie nicht störten. Aus der Stube drangen erregte Stimmen. Einmal weinte sogar jemand. Ab und zu kam einer der Diplomaten ganz erhitzt herübergelaufen, um schnell ein Glas Wasser zu trinken, und kehrte dann sofort wieder zurück. Mittlerweile war es schon spät geworden, die Kinder wollten schlafen, und auch um das Petroleum tat es uns leid. Aber noch war kein Ende abzusehen. Zu einer besonders lebhaften Diskussion kam es um ein Uhr. Dabei hatten sie sich vorher schon darauf geeinigt, daß die Grenze über den Tisch, dann unterm Fenster und am Schrank vorbeigehen solle. Aber damit war dann eine Seite doch nicht einverstanden, weil auf diese Weise der anderen der größere Teil der Naturschätze zugefallen wäre. Hinter dem Schrank stand nämlich eine große Flasche mit Preiselbeeren in Alkohol.

Beim Morgengrauen waren sie endlich fertig und fuhren nach Hause.

Es stellte sich bald heraus, daß wir uns ohne besondere Schwierigkeiten in unserer Wohnung bewegen konnten. Alle Hausbewohner bekamen nämlich Dauerpassierscheine. Wollte man vom Schrank zum Bett gehen oder vom Küchenherd zur Diele, brauchte man nur das entsprechende Dokument vorzuzeigen. Kinder in Begleitung von Erwachsenen wurden überhaupt nicht kontrolliert.

Diese Formalitäten erledigten zwei uniformierte Beamte, je einer als Vertreter jeder Macht. Sie erschienen bereits am Tage nach der Konferenz. Es waren recht sympathische Leute. Uns störte nur, daß sie uns dauernd in die Töpfe schauten. Also luden wir sie ein, mit uns zu essen. Sie lehnten höflich ab, griffen aber tüchtig zu.

Es ging also alles ganz glatt. Nur einmal gab es einen Zwischenfall. Nachts weckte mich ein Geräusch. Die Grenze verlief unmittelbar neben mir, so daß das Nachtschränkchen bereits auf der anderen Seite stand. Aber das spielte weiter keine Rolle, da ich sogar einen Sonderpassierschein für die Nacht hatte. Ich werde also wach, strecke unwillkürlich einen Arm aus und kriege ein Bein in einem Schaftstiefel zu fassen.

»Wer da!« rufe ich.

»Still! Machen Sie keinen Lärm, sonst wacht der Zöllner auf«, flüstert jemand.

Ich habe mir gleich gedacht, daß es sich um einen Schmuggler handeln müsse. Ich wollte mich aber in diese Angelegenheiten nicht einmischen. Schlüge ich Alarm, so müßte man Licht machen, ein Protokoll würde aufgenommen, die Kinder wachten auf, und ich wäre am andern Tag unausgeschlafen. Also bemerke ich lediglich:

»Sind Sie denn verrückt, mit den Schuhen übers Bett zu kriechen! Sehen Sie denn nicht, daß ich frische Bettwäsche habe? Sie hätten ja zumindest die Schuhe ausziehen können, vorausgesetzt, daß Sie frische Socken anhaben.«

Er gab mir recht und verschwand.

Schließlich hatte ich keinen Grund, den Beamten ihre Arbeit zu meinem Schaden zu erleichtern. Die Grenze lief fast mitten über den Tisch, an dem wir aßen. Die Speisen kamen aus der Küche, die zu der einen Macht gehörte, und wurden auf den Tisch gestellt. Wenn man nun auf der anderen Seite, auf dem Territorium der anderen Macht, saß, mußte man Zoll bezahlen, sobald man etwas auf die Gabel nahm. Im allgemeinen waren die Sätze nicht sehr hoch; sie waren für die einzelnen Speisen nicht einheitlich, und überhaupt hing ihre Festlegung von der jeweiligen Wirtschaftspolitik der einen oder der anderen Großmacht ab. Letztens z. B. wurde der Zoll für Piroggen stark erhöht, so daß wir uns in dieser Beziehung, obwohl Piroggen meine Leibspeise sind, stark einschränken mußten.

Die Beziehungen der beiden Mächte zeichneten sich in Übereinstimmung mit den Erklärungen bei der Fuchsschwanzkonferenz durch gegenseitige Herzlichkeit aus. Gelegentlich fuhr bei uns irgendeine Delegation durch. Dann machte ich mir mein Lager neben dem Schrank, und die Delegation schlief auf dem Kanapee.

Nach einiger Zeit jedoch trat ein Ereignis ein, das mir trotz seiner scheinbaren Geringfügigkeit zu denken gab.

Wir saßen gerade beim Abendessen. An diesem Tag hatten wir Gulasch. Da sagte meine Frau:

»Hol doch ein paar Essiggurken.« Die waren in einem Faß auf der Diele. Ich ging also im Dunkeln auf die Diele, und da stieß ich an etwas. Ich war wütend, weil an diesem Platz früher nie etwas gestanden hat. Ich zündete ein Streichholz an und sah einen Bunker. Einen nagelneuen Bunker. Obendrauf waren zur Tarnung ein paar Essiggurken gelegt. Ich sagte niemandem etwas und dachte mir, vielleicht ist es ein Friedensbunker oder vielleicht haben sie ihn für die Jugend gebaut...

Aber ein paar Tage später gab es schon wieder etwas Neues.

Wieder saßen wir beim Abendessen, und da fiel mir ein Löffel unter den Tisch. Ich beugte mich hinunter, da ich aber infolge des tief herabhängenden Tischtuchs nichts sehen konnte, kroch ich darunter.

Dort im Halbdunkel stieß ich auf einen Oberleutnant der Pioniere. Er lag auf allen vieren und schaute mit einem Feldstecher zwischen den Beinen der am Tisch Sitzenden hindurch in Richtung Diele. An seinem Helm hatte er Zweige befestigt.

»Still! wenn Sie ein Patriot sind?« flüsterte er mir zu.

»Das kommt ganz darauf an«, antwortete ich leise. »Ich muß mich so viel in der Wohnung bewegen, halte mich bald auf dieser, bald auf jener Seite auf, so daß es mir überaus schwer fällt, mich ganz einer der beiden Seiten zugehörig zu fühlen. Wenn ich nachmittags auf dem Kanapee liege, dann fange ich an, zu dieser Gegend eine gewisse Zuneigung zu gewinnen. Aber wenn ich mir dann vor dem Schlafengehen die Füße wasche, und der Herr Oberleutnant wissen, daß dies in dem Verschlag jenseits der Grenze geschieht, dann werde ich wieder aus diesem Gefühl herausgerissen und beginne, mich auf der anderen Seite zu Hause zu fühlen. Unter diesen Bedingungen ist es schrecklich schwierig, ein guter Patriot zu sein.«

»Schweigen Sie«, rief der Oberleutnant und kniete sich mir auf den Mittelfinger.

Jetzt kam es immer häufiger zu Zwischenfällen. Es passierten immer schlimmere Dinge. Schon fanden wir in der Suppe Minen, die sie einander gegenseitig legten. Vor allem, wenn wir Tomatensuppe oder Krautsuppe aßen, mußten wir höllisch aufpassen. Bei Fleischbrühe hatten wir's einfacher, weil sie durchsichtig ist.

In diesem Jahr wollte ich meinen Namenstag nicht feiern. Ich war durch all die Ereignisse ein bißchen abgespannt, außerdem war wenig Platz im Haus, weil jetzt überall so komische Eisenrohre auf zwei Rädern herumstanden. Ich wunderte mich sehr, als ich schon zwei Wochen vor meinem Namenstag Glückwunschkarten bekam. Sogar mir völlig unbekannte Leute von beiden Seiten der Grenze schrieben mir, sie würden es nicht versäumen, sich an meinem Festtag einzufinden. Ich konnte gar nicht verstehen, woher ich auf einmal so viele Verwandte und Freunde hatte.

Am Festtag selbst erschienen Massen. Fast lauter Unbekannte. Es handelte sich ausschließlich um junge Männer, die ziemlich einheitlich gekleidet waren und sich sehr zackig benahmen. Sie waren sehr munter, gingen jeweils zu viert durch die Wohnung und sangen laut. Ich bewirtete sie, so gut ich konnte. Ich fragte sie auch, ob sie ihre Hüte, die alle schrecklich hart waren, nicht abnehmen wollten. Aber sie sagten, daß sie sich vor Erkältungen fürchteten. Außerdem gewann ich den Eindruck, daß sie sich gegenseitig nicht leiden konnten.

Da sagte ich, daß ich nur schnell weggehe, um Zigaretten zu holen. Hinter dem Haus bog ich vom Weg ab und lief querfeldein.

Vielleicht finde ich irgendwo Arbeit, dann würde ich eventuell noch einmal eine Familie gründen und ein Haus bauen.

Die Namenstagsfeier

Ich machte meinen Antrittsbesuch bei Rechtsanwalts. Der Salon war dämmrig. Nur mit Mühe sickerte das Licht durch die Vorhänge und den dichten Asparagus. Die Frau des Hauses saß in einem Sessel, der in eine weiße leinene Schondecke gehüllt war; ihr Kleid hatte ein Muster aus großen exotischen Schmetterlingen. Jedesmal wenn auf der Straße ein schweres Fahrzeug vorbeifuhr, klirrten die gläsernen Girlanden des Kandelabers, der sich aus dem Halbdunkel über meinen Kopf neigte und die Form einer Spinne hatte. Erst als sich mein Auge an das gedämpfte Licht gewöhnt hatte, erblickte ich in der anderen Ecke, unter der Palme, eine Art Laufställchen, wie man sie für Kinder hat, nur daß dieses hier bedeutend höher war. Hinter den hölzernen Stäben saß an einem Tischchen ein Mann und stickte.

Da ihn die Frau des Hauses nicht vorstellte, ja ihm nicht die geringste Beachtung schenkte, hielt ich es für unpassend, nach ihm zu fragen, und tat, wenn auch etwas beunruhigt, als sähe ich ihn nicht. Nach Ablauf der für solche Besuche schicklichen Zeit stand ich auf, um mich zu verabschieden. Beim Hinausgehen warf ich einen neugierigen Blick auf das Laufställchen, konnte aber nur ein über die Arbeit gebeugtes Profil erblicken. Während mich Frau Rechtsanwalt bis zum Vorbau begleitete, lud sie mich herzlich zu der Namenstagsfeier ihres Gatten ein, die am kommenden Samstag stattfinden sollte.

Als Neuling kannte ich mich in den Eigenarten des Städtchens nicht aus, und für eine solche hielt ich, was ich bei Rechtsanwalts im Salon gesehen hatte. Ich rechnete jedoch damit, daß sich bei meinem nächsten Besuch alles aufklären werde. Am Samstagabend kleidete ich mich sorfältig an und begab mich zu der Villa.

Dank der Lichterfülle, die sich in dem in einiger Entfernung vorbeiziehenden bakelitschwarzen Fluß spiegelte, war das Haus, das stattlichste des Städtchens, schon von weitem sichtbar. Über dem Gebäude des Stadtrats sprühte ein Feuerwerk. Auf diese Weise bekundete die Ortsmiliz ihre Teilnahme an der allgemeinen Freude über den Namenstag des Rechtsanwalts. Die Pforte im Zaun war geöffnet; auf den zum Hause führenden Pfad fiel Licht aus der offenstehenden Tür. Ich ging direkt zum Salon. Das Licht des Kronleuchters blendete mich. Die Sessel waren ohne weiße Schonhüllen. Ich erblickte das rote Gesicht des Pfarrers, die gelben des Apothekers und der Frau Apotheker, sah Herrn und Frau Doktor, den Präsidenten der Genossenschaft mit seiner Gattin und den Besitzer einer dürftigen Werkstatt, die auf staatliche Bestellungen Federhalter herstellte, ebenfalls mit seiner Frau. Der Herr Rechtsanwalt kam mir selbst entgegen.

Während ich ihm meine Glückwünsche aussprach und mein Geschenk überreichte, bat mich die Frau des Hauses, sie trug heute ein Kleid mit einer Schärpe, Platz zu nehmen. Im ersten Augenblick hatte ich also keine Gelegenheit; erst als ich mich an der allgemeinen Konversation beteiligte, konnte ich mich unauffällig umsehen. Ich hatte mich nicht geirrt. In der Ecke, unter der Palme, befand sich das Laufställchen und darin der Mann, der heute etwas ordentlicher angezogen war; das Gesicht auf die Arme geneigt, schlummerte er. Sooft es die Schicklichkeit erlaubte, blickte ich in die Ecke. Die übrigen Anwesenden, alles Stammgäste bei Rechtsanwalts, schenkten der Sache keinerlei Aufmerksamkeit; sie redeten lebhaft und laut, wie es bei Namenstagsfeiern üblich ist. Vielleicht hatte der Schlafende meinen Blick gefühlt; mir war, als habe er die Lider gehoben. Gleich darauf schlief er wieder in der vorigen Haltung, die völlige Gleichgültigkeit ausdrückte.

Eine Zeitlang neckte ich unter allgemeinem Gelächter und fröhlichem Wortwechsel den Apotheker oder tauschte mit dem Pfarrer Gedanken aus, während ich mich hartnäckig, aber vergeblich um die Lösung des Rätsels bemühte. Dann gingen die Flügeltüren auf, und das Personal trug einen Tisch herein, auf dem der Tafelaufsatz, Gerichte und Flaschen in vielen Farben glänzten. Jetzt erschienen auch die Kinder des Rechtsanwalts und nahmen zusammen mit uns am Tisch Platz. Der Anblick des Abendessens belebte die Gesellschaft, und nach dem ersten Toast wurde der allgemeine Lärm noch fröhlicher. Da ertönte durch das Klirren der Gläser, Messer und Gabeln, durch das silberhelle Lachen der Frauen und die donnernden Witze der Männer ein Lied. Tatsächlich, der im Laufställchen sang. »Wolga, Wolga ...« Der sehnsuchtsvolle Gesang wurde leise von einer Balalaika begleitet. Die Gesellschaft nahm dies so gleichgültig auf, als sänge ein Vogel. Dann kamen »Schwarze Augen« und dann fröhlicher »Wir vom Jugendverband ...« Schon wurde der Nachtisch aufgetragen; der Tisch war in eine Wolke von Zigarettenrauch gehüllt. Da beobachtete ich, daß die Rechtsanwaltskinder, nachdem sie ihre Mutter um Erlaubnis gefragt hatten, Kirschlikör vom Tisch nahmen, zum Laufställchen rannten und den Mann dort durch die Stäbe fütterten. Er hatte die Balalaika auf die Seite gelegt und trank in aller Ruhe; dann sang er zwei oder drei Strophen aus »Vorwärts, Soldaten der Freiheit!« oder aus dem »Lied des Traktoristen«. Da ich mit dem Pfarrer in eine Diskussion über die Theorien Darwins geraten war, konnte ich nicht genau aufpassen, obwohl ich alles weiter beobachtete. Der Pfarrer argumentierte wie folgt: »Manche Leute behaupten, der Mensch stamme vom Affen ab. Eines ist sicher: Wer so daherredet, stammt selber vom Affen ab.« Obwohl selbst vom Alkohol etwas umnebelt, konnte ich doch feststellen, daß das Getränk auf den Mann im Ställchen seine Wirkung nicht verfehlt hatte.

»Sie wissen gar nicht, wer das ist?« fragte lachend der Hausherr, der meine Verwunderung offensichtlich erst jetzt bemerkt hatte. »Ein Einfall meiner Frau. Sie wollte für den Salon keinen Kanarienvogel oder dergleichen, weil sie meinte, das sei zu gewöhnlich. Deshalb habe ich einen lebendigen Fortschrittler besorgt. Sie brauchen keine Angst zu haben, er ist ganz zahm.«

Vergnügt blickten die Gäste auf den Mann mit der Balalaika. Der Rechtsanwalt erklärte mir weiter:

»Er stammt von hier. Ein paar Jahre lang war er wild, wissen Sie, und hat sogar manchen Schaden angerichtet. Aber jetzt ist er ganz zahm, verstehen Sie. Wir können ihn jetzt ohne weiteres im Hause halten. Er stickt, spielt Balalaika, singt. Manchmal freilich habe ich den Eindruck, als ob er irgendwie Heimweh hätte.«

»Vielleicht sehnt er sich nach der Freiheit, nach Aktivität; schließlich ist er ein Fortschrittler«, sagte ich schüchtern.

»Glauben Sie, daß er es hier nicht gut hat?« empörte sich der Rechtsanwalt. »Gesicherte Existenz, Ruhe, keinerlei Sorgen! Wir haben ihn so weit gebracht, daß er aus der Hand frißt. Sie haben es ja selbst gesehen. Er ist schon ganz ungefährlich. Nur am Staatsfeiertag und am Jahrestag der Revolution lassen wir ihn ein bißchen fliegen. Aber er kommt immer zurück. Nun, unser Städtchen ist nicht groß. Wo sollte er sich da verstecken?«

Als der Rechtsanwalt mir dies mitgeteilt hatte, rollte der Mensch, von dem die Rede war, etwas die Augen. Auf seiner Stirn erschienen Falten. Unter diesem Blick erstarrte der Pfarrer – die Gabel mit einem Stück Emmentaler auf halbem Wege zum Munde. Die Gespräche verstummten, und nur das Löffelchen, das der Genossenschaftspräsident hatte fallen lassen, klirrte. Sogar der Rechtsanwalt war plötzlich ernst geworden. Jener aber nahm, mit unverwandt auf die festliche Gesellschaft gerichtetem Blick, die Balalaika an die Brust und sang: »Auf die Barrikaden, du Arbeitsvolk . . .«

Die Entspannung war allgemein. Der Geistliche aß seinen Emmentaler, und alle hörten mit Interesse auf das Lied. »Erstklassig!« rief fröhlich der Rechtsanwalt und schlug sich auf die Schenkel. Der Apotheker kugelte sich vor Lachen, der Genossenschaftspräsident hatte Tränen in den Augen. Nur Frau Rechtsanwalt war unzufrieden.

»Kätzchen«, sagte sie zu ihrem Mann, »es ist schon spät, meinst du nicht, daß die Kinder zu Bett sollten? Ihn decken wir zu, damit er heute nicht mehr singt.«

»Gut!« rief der Rechtsanwalt. »Der Fortschrittler soll jetzt schlafen.«

Spät in der Nacht kam ich, als einer der letzten Gäste von Rechtsanwalts herzlich verabschiedet, beim Weggehen an dem Laufställchen vorbei. Eine Plüschdecke mit violetten Blumen war darübergebreitet. Aber mir war, als ertöne darunter ein leises Klimpern der Balalaika, und ich glaubte auch, einen Gesang, ja sogar die Worte ». . . zum letzten Gefecht . . .« zu vernehmen.

Der Schwan

Im Park befand sich ein Teich. Seine Zierde war ein Schwan. Eines Tages war der Schwan verschwunden. Halbstarke hatten ihn gestohlen.

Der Vorstand der Städtischen Grünanlagen besorgte einen neuen Schwan. Um ihm das Los seines Vorgängers zu ersparen, wurde ihm ein eigener Wächter zugeteilt.

Dieser war ein alter, seit Jahren vereinsamter Mann. Als er seinen Posten antrat, begann es abends bereits kalt zu werden. Niemand kam mehr in den Park. Der Alte ging um den Teich herum, paßte auf den Schwan auf und sah manchmal in die Sterne. Ihn fror. Er hatte Lust, auf einen Sprung in die kleine Wirtschaft in der Nähe des Parkes zu gehen. Schon wollte er sich auf den Weg machen, als ihm der Schwan einfiel. Er befürchtete, dieser könne während seiner Abwesenheit gestohlen werden. Dann verlöre er seinen Posten. Er verzichtete also auf den Gang.

Aber die Kälte quälte ihn immer mehr und vertiefte seine Einsamkeit. Schließlich beschloß er, zusammen mit dem Schwan in die Wirtschaft zu gehen. Selbst wenn jemand in den Park käme, um sich der schönen Natur zu erfreuen, würde er das Fehlen des Schwans nicht sofort bemerken. »Die Nacht ist sternklar, aber ohne Mondschein, und wir kommen gleich zurück«, dachte er und nahm den Schwan mit.

Die Wirtschaft war voll Wärme und Bratenduft. Der Alte setzte den Schwan sich gegenüber auf einen Stuhl, um ihn im Auge zu behalten. Dann bestellte er ein bescheidenes Mahl und ein Gläschen Wodka, um sich aufzuwärmen.

Als er sein Hammelfleisch mit Lust und Zufriedenheit verzehrte, fiel ihm auf, daß ihn der Schwan ganz eigenartig ansah. Der Vogel tat ihm leid. Solange dieser vorwurfsvolle Blick auf ihm ruhte, konnte er nicht essen. Er rief den Kellner und bestellte für den Schwan eine in warmem, gezuckertem Starkbier aufgeweichte Semmel. Der Schwan wurde fröhlich, und nachdem sie ihr Mahl beendet hatten, kehrten beide munter und zufrieden auf ihren Posten zurück.

Am nächsten Abend war es wieder kalt. Die Sterne glänzten besonders stark, und jeder Stern war wie ein kalter Nagel im warmen, einsamen Herzen des Alten. Aber er kämpfte gegen die Versuchung.

In der Mitte des Teichs schwamm als sanft leuchtender weißer Fleck der Schwan.

Bei dem Gedanken, welch ein Schauer jeden durchdringen müsse, der in einer solchen Nacht mit Wasser in Berührung käme, wurde der Alte ganz gerührt. Sollte der arme Schwan gar nichts vom Leben haben? Bestimmt würde er lieber in einer warmen Ecke sitzen und etwas essen.

Er nahm also den Vogel unter den Arm und begab sich in die Wirtschaft.

Und wieder kam ein Abend, und wieder überfiel Melancholie den Alten. Aber diesmal war er fest entschlossen, nicht in die Wirtschaft zu gehen. Gestern auf dem Nachhauseweg hatte der Schwan getanzt und unglaubliche Sachen gesungen.

Als er am Ufer saß und in den Himmel oder in den leeren, beißend kalten Park blickte, fühlte er plötzlich ein zaghaftes Zupfen an seinem Hosenbein. Der Schwan war ans Ufer geschwommen, um ihn an etwas zu erinnern. Da gingen sie.

Einen Monat später wurde der Alte zusammen mit dem Schwan entlassen. Der Schwan torkelte am hellichten Tage auf dem Wasser. Die Mütter, die mit ihren kleinen Kindern in den Park kamen, um sich zu erholen und den Vogel anzusehen, hatten sich beschwert. Der Kinder wegen. Daraus ersieht man, daß moralische Haltung auch für den bescheidensten Posten erforderlich ist.

Der kluge Löwe

Schon gab der Cäsar das Zeichen. Das Gitter wurde hochgezogen, und ein immer mächtigeres Grollen ertönte aus dem schwarzen Verlies. Die Christen in der Mitte der Arena drängten sich aneinander. Die Menge stand von ihren Sitzen auf, um alles besser sehen zu können. Rauhes Gebrüll, das sich wie eine Lawine heranwälzte, Rufe der Erregung, Schreie der Angst. Weich mit den Pfoten schlenkernd, lief die erste Löwin rasch aus dem Tunnel. Die Vorstellung hatte begonnen.

Der mit einer langen Stange versehene Löwenwärter Bondani Cajus sah nach, ob alle Tiere zu dem furchtbaren Spiel hinausgegangen waren. Schon wollte er erleichtert aufatmen, als er bemerkte, daß gerade am Tor ein Löwe lag, der es nicht eilig hatte, in die Arena zu kommen, sondern in aller Ruhe hier eine Rübe fraß. Cajus fluchte, denn er hatte dafür zu sorgen, daß sich keine der Bestien untätig im Zirkus aufhielt. Er näherte sich also bis auf die von den Vorschriften über Unfallschutz und Arbeitshygiene vorgesehene Entfernung und stieß den Löwen mit seiner Stange in den Steiß, um ihn aufzuscheuchen. Zu seiner Verwunderung schaute sich der Löwe lediglich um und wedelte mit dem Schwanz. Nun stieß ihn Cajus etwas stärker.

»Hau ab!« sagte der Löwe.

Cajus kratzte sich den Kopf. Der Löwe gab eindeutig zu verstehen, daß er keine Agitation wünschte. Cajus war kein schlechter Mensch, aber er fürchtete, der Oberaufseher könne ihn, werde er erwischt, seiner Nachlässigkeit wegen unter die Verurteilten werfen lassen. Andererseits wollte er sich auch nicht mit dem Löwen streiten. So versuchte er diesen zu überreden. »Du könntest es für mich tun«, sagte er.

»Ich lasse mich nicht für dumm verkaufen«, sagte der Löwe und kaute an seiner Rübe.

»Du brauchst ja nicht gleich einen zu fressen, lauf dort ein bißchen herum und brülle, dann hast du ein Alibi«, flüsterte Bondani.

Der Löwe wedelte mit dem Schwanz. »Menschenskind, ich sage dir doch, daß ich mich nicht für dumm verkaufen lasse. Man sieht dich dort, und später glaubt dir dann niemand, daß du keinen gefressen hast.«

»Aber warum willst du denn eigentlich nicht?« seufzte der Wärter.

Der Löwe sah ihn aufmerksam an. »Du hast von Alibi gesprochen. Ist dir denn nicht klar, warum alle diese Patrizier nicht selber in die Arena laufen und die Christen zerfleischen, sondern das uns Löwen überlassen?«

»Nein. Übrigens sind das größtenteils ältere Leute. Sie haben Atemnot oder Asthma.«

»Ältere Leute«, knurrte der Löwe mitleidig. »Von Politik hast du keine Ahnung. Sie wollen ganz einfach ein Alibi haben.«

»Für wen denn?«

»Vor dem keimenden Neuen. In der Geschichte muß man sich immer an das Keimende, das Entstehende halten. Hast du denn niemals daran gedacht, daß die Christen an die Macht kommen könnten?«

»Die Christen, an die Macht?«

»Ja! Man muß es eben verstehen, zwischen den Zeilen zu lesen. Mir schwant, daß sich Konstantin der Große früher oder später mit ihnen an einen Tisch setzen wird. Und was dann? Dann kommen die Revisionen und die Rehabilitierungen. Die in den Logen werden dann sagen: ›Wir sind es nicht gewesen, die Löwen waren es!‹«

»Natürlich, daran habe ich nie gedacht.«

»Siehst du! Was gehen mich die Christen an! Mir geht es um die eigene Haut. Wenn es so weit ist, dann wissen alle, daß ich Rüben gefressen habe. Obwohl, unter uns gesagt, Rüben Dreck sind.«

»Deine Kollegen jedenfalls fressen diese Christen recht gern«, sagte Cajus boshaft.

Der Löwe verzog sein Gesicht: »Primitivlinge, ungebildete Produkte der Kolonien, die sich zu allem hergeben, kurzsichtige Konjunkturritter ohne Sinn für taktisches Verhalten.«

»Hör mal«, stotterte Cajus.

»Na?«

»Wenn diese Christen, weißt du ...«

»Was denn?«

»Eben, wenn sie an die Macht kommen sollten ...«

»Na und?«

»Könntest du mir dann bescheinigen, daß ich dich zu nichts gezwungen habe?«

»Salus rei publicae summa lex tibi esto«, sagte der Löwe sententiös und machte sich wieder an seine Rübe.

Heldenehrung

In unserer Stadt steht ein Denkmal des unbekannten Kämpfers von 1905. Die Hand des Tyrannen hat ihn während der Revolution gefällt. Seine Mitbürger errichteten damals ein kleines Hügelchen für ihn, auf dem fünfzig Jahre später ein Sockel aufgestellt wurde, in dessen Stein die Worte »Ewiger Ruhm« eingraviert sind. Das Denkmal, das sich auf dem Sockel erhebt, stellt einen jungen Mann dar, der eine Kette zerreißt. Mit der Denkmalsenthüllung im Jahre 1955 war eine große Feierlichkeit verbunden. Fast jeder hielt eine Rede. Viele Blumen und Kränze wurden niedergelegt.

Einige Zeit später beschlossen acht Schüler, den Aufständischen zu ehren. Der goldmundige Geschichtslehrer hatte es verstanden, sie mit seinem Unterricht so zu rühren, daß sie gleich danach eine Versammlung abhielten und für ihr eigenes Geld einen Kranz kauften. Sie formierten einen kleinen Zug und begaben sich zum Denkmal.

An der ersten Straßenecke erblickte sie ein kleiner Herr in dunkelblauem Überzieher. Er sah sie scharf an und folgte ihnen dann in einem gewissen Abstand.

Sie gingen über den Alten Markt. Die Passanten schenkten ihnen keine Beachtung. Umzüge sind eine alltägliche Sache.

Am Alten Markt stehen nur wenige Gebäude, die Kirche des Hl. Johannes im Öl und ein paar alte Häuser, die jetzt als Ämter und Museen dienen; fast niemand wohnt dort.

Als sie vor dem Denkmal standen, trat der Mann im Überzieher rasch auf sie zu.

»Servus!« rief er. »Kleine Heldenehrung wohl? Sehr schön! Jahrestag vermutlich. Komplett überlastet. Kann mich nicht genau an das Datum erinnern.«

»Nein«, sagte einer der Schüler, »wir wollten bloß so . . .«

»Was heißt das ›bloß so‹?« Der Mann hob die Nase und schnüffelte.

»Wir wollen das Andenken eines im Kampf um die Freiheit des Volkes gefallenen Helden ehren.«

»Ach so, Kollege, Ihr seid wohl vom Stadtteilkomitee?«

»Nein!«

Der Mann dachte nach. »Vielleicht hat man euch in der Schule den Auftrag gegeben?«

»Nein!«

Der Mann ging weg. Gerade als sie den Kranz niederlegen wollten, rief einer von ihnen: »Da kommt er wieder.«

Tatsächlich, der Mann im Überzieher kam zurück. Jetzt hielt er einige Schritte Abstand und fragte: »Vielleicht ist gerade der Monat zur Vertiefung der Ehrung des unbekannten Revolutionärs?«

»Nein«, riefen sie im Chor, »es war unsere eigene Idee.«

Der Mann ging wieder weg. Die Jungen legten jetzt den Kranz nieder und wollten schon weggehen, als der Unbekannte in Begleitung eines Milizianten zurückkam.

»Ausweise, bitte!« sagte der Miliziant.

Sie zeigten ihm ihre Schulausweise. Er betrachtete sie alle, dann salutierte er und sagte: »In Ordnung!«

»Keineswegs in Ordnung!« rief der Mann im Überzieher und wandte sich an die Schüler: »Wer hat euch befohlen, den Kranz niederzulegen?«

»Niemand!«

Der Mann wurde rot vor Aufregung. »Ihr gebt es also zu. Ihr selbst erklärt, daß ihr zur Durchführung der vorliegenden Manifestation zu Ehren des Unbekannten Revolutionärs weder von der Schulleitung, noch vom Jugendverband, noch vom Stadtteilkomitee, noch vom Stadt- oder Kreiskomitee organisiert worden seid?«

»Natürlich nicht!«

»Daß diese Kranzniederlegung nicht auf eine Initiative der Frauenliga, noch der Gesellschaft der Freunde des Jahres 1905 zurückzuführen ist?«

»Nein!«

»Daß es sich um keinen Jahrestag, keinen Gedenkmonat oder überhaupt etwas handelt?«

»Nein!«

». . . Daß ihr nicht einmal ein Rundschreiben vorweisen könnt? Daß ihr selbst . . .«

»Ja!«

Er fuhr sich mit dem Taschentuch über die Stirn. »Sergeant, Ihr wißt wer ich bin, auf der Stelle nehmt Ihr den Kranz mit. Und ihr geht jetzt auseinander.«

Schweigend gingen die Jungen weg. Hinter ihnen schritt der Miliziant mit dem Kranz. Vor dem Denkmal blieb lediglich der Funktionär im dunkelblauen Überzieher. Mißtrauisch prüfte er die Statue und schaute sich um. Bald darauf begann es zu regnen. Die kleinen Tropfen fielen auf den dunkelblauen Überzieher und auf die steinerne Bluse des Aufständischen. Es wurde trüb und grau. Langsam rannen die silbernen Tropfen über das Haupt des Standbilds, schaukelten an den steinernen Ohren wie Ohrringe, leuchteten aus den leeren, granitenen Augäpfeln.

So standen sie einander gegenüber.

Das Abenteuer des Trommlers

Ich liebte meine Trommel. An einem breiten, im Nacken geknüpften Band trug ich sie. Es war eine große Trommel. Auf ihr blaßgelbes Fell schlug ich mit Schlegeln aus Eichenholz. Diesen hatten meine Finger allmählich einen gewissen Glanz verliehen, der von meinem Fleiß und meiner Arbeitslust zeugte. Die Wege, auf denen ich mit meiner Trommel schritt, waren bald weiß von Staub, bald schwarz von Kot, und zu beiden Seiten lag die Welt, grün, gelb, braun oder weiß, je nach der Jahreszeit. Über allem aber polterte rasend die Stimme meiner Trommel, denn meine Hände gehörten nicht mir sondern ihr, und wenn die Trommel schwieg, war mir nicht wohl. Munter trommelte ich eines Abends, als der General an mich herantrat. Seine Uniform war unvollständig, die Jacke stand am Hals offen, und er war in Unterhosen. Er grüßte mich, räusperte sich, lobte Staat und Regierung und sagte schließlich gleichsam nebenbei:

»Und Ihr trommelt unentwegt?«

»Jawohl!« rief ich und schlug mit verdoppelter Kraft auf das Fell. »Zur Ehre des Vaterlandes!«

»Richtig, richtig!« pflichtete er irgendwie traurig bei. »Und noch lange werdet Ihr weitermachen?«

»Solange die Kräfte reichen, Euer Genossen«, gab ich munter zurück.

»Teufelskerl!« lobte mich der General und kratzte sich den Kopf. »Und werden sie noch lange reichen?«

»Bis zum Ende«, rief ich stolz.

»Na, na«, wunderte sich der General, schwieg einen Augenblick nachdenklich und fing dann von etwas anderem an: »Es ist schon spät«, sagte er.

»Spät ist es nur für den Feind, niemals für uns«, schrie ich, »denn unser ist die Zukunft.«

»Sehr richtig«, stimmte der General leicht irritiert zu. »Ich meinte auch nur die späte Stunde.«

»Die Stunde des Kampfes ist angebrochen. Auf, ertönet, Kanonen, läutet Sturm, ihr Glocken«, brüllte ich in der edlen Verzückung des echten Trommlers.

»Nur keine Glocken«, rief der General hastig. »Das heißt, nichts gegen Glocken, von Zeit zu Zeit.«

»Richtig, Bürger General!« Mit Feuereifer griff ich seinen Gedanken auf. »Was sollen uns Glocken, da wir doch Trommeln haben. Die Glocken mögen schweigen, wenn mein Wirbel ertönt.« Und zur Bekräftigung hieb ich auf die Trommel ein, als ob der Sturm beginne.

»Und niemals umgekehrt, nicht wahr?« fragte der General unsicher und hielt sich verstohlen die Hand vor den Mund.

»Niemals!« schrie ich schallend. »General, unaufhörlich wird unser Wirbel dröhnen. Ihr könnt Euch auf Euren Trommler verlassen.« Eine Feuerwelle der Begeisterung riß mich hin.

»Unsere Armee kann stolz auf Euch sein«, sagte der General sauer. Ihn fröstelte, denn über das Biwak war der Nachtnebel gefallen. Aus dem grauen Dunst ragte nur der Kegel des Generalszeltes hervor. »So ist es, stolz kann sie sein. Wir werden nicht weichen, und wenn wir marschieren müßten, ja, mein Lieber, marschieren, Tag und Nacht. Und jeder unserer Schritte . . . ja, jeder Schritt . . .«

». . . Jeder unserer Schritte ist ein unablässiger Trommelwirbel des Sieges«, brach es aus mir hervor, und ich rührte die Trommel.

»Hm, ja, ganz richtig«, brummte der General und ging auf sein Zelt zu. Aber das Alleinsein verstärkte meine Opferbereitschaft und mein Verantwortungsbewußtsein als Trommler nur noch mehr. Du bist weggegangen, General, dachte ich, aber du weißt, daß dein treuer Trommler wacht. Gesammelt brütest du mit faltendurchfurchter Stirn über den strategischen Plänen, steckst auf der Karte mit Fahnen den Weg unseres gemeinsamen Sieges ab. Du und ich, beide werden wir die Zukunft, das hellere Morgen erobern, das ich in deinem Namen durch das Gedröhn des Wirbels verkünde. Eine solche Zärtlichkeit umfaßte mich für den General, ein solcher Wille, mich der Sache ganz zu weihen, daß ich, soweit dies möglich war, noch rascher und heftiger auf das Trommelfell einschlug. Schon war die Nacht weit vorangeschritten, und immer noch gab ich mich, durchglüht von der Idee, mit dem Eifer der Jugend meiner ehrenvollen Aufgabe hin. Manchmal, zwischen den einzelnen Aufschlägen meiner Schlegel, hörte ich vom Generalszelt her das Knarren einer Sprungfedermatratze, als wälze sich dort jemand, der keinen Schlaf findet, von einer Seite auf die andere. Gegen Mitternacht endlich hob sich undeutlich eine weiße Gestalt vor dem Zelt ab. Der General war im Nachthemd. Er hatte eine belegte Stimme.

»Na, nun sagt mal, wollt Ihr noch lange trommeln?« wandte er sich an mich. Ich war ganz gerührt, daß er zu mir in die Nacht hinausgetreten war. Ein echter Soldatenvater!

»Jawohl, General! Weder Kälte noch Schlaf vermögen mich zu bezwingen. Ich bin bereit, zu trommeln, solange ich lebe, wie es meine Pflicht und die gemeinsame Sache mich heißen, wie es Gesetz und Ehre des Trommlers gebieten. So wahr mir Gott helfe!«

Als ich so sprach, ging es mir nicht darum, dem General zu gefallen, meinen Diensteifer zu zeigen. Nichts hatte dies mit hohler Prahlerei oder Spekulation auf Orden und Auszeichnungen zu tun. Es kam mir nicht einmal in den Sinn, man könne meine Worte so verstehen. Immer war ich aufrichtig, geradlinig und, zum Teufel! ein guter Trommler.

Der General knirschte mit den Zähnen. Ich dachte, der Kälte wegen. Dann sagte er dumpf: »Gut, sehr gut!« und ging.

Kurz darauf verhafteten sie mich. Die Runde, welche den Befehl ausführte, umringte mich schweigend, nahm mir die Trommel vom Hals, riß mir die Schlegel aus den fühllos erstarrten Händen. Plötzlich verbreitete sich Stille im Tal. Mit den Genossen, die mich zwischen Bajonetten aus dem Lager führten, konnte ich mich nicht verständigen. Das Gesetz stand dem entgegen. Aber einer gab mir zu verstehen, sie hätten mich auf Befehl des Generals verhaftet, mir werde Verrat vorgeworfen. Verrat!

Gerade begann es zu tagen. Schon erschienen die ersten Rosenwölkchen. Sie wurden nur von einem gesunden Schnarchen begrüßt, das ich deutlich hörte, als wir am Zelt des Generals vorbeikamen.

Peer Gynt

Am Bach wuchs eine Birke, und daneben stand eine Hütte. Dort wohnte ein junger Mann mit seiner Frau. Sie liebten sich sehr. Einmal sagte die Frau: »Man muß das Dach ausbessern. Es regnet herein.« »Wird gemacht!« antwortete er und umfing sie mit einem liebevollen Blick.

Am Tage darauf war im Städtchen eine große Feierstunde. Auch der Bursch vom Bächlein befand sich zufällig in dem mit Blüten und Seidenpapier geschmückten Saal. Beim Abschied war seine Frau in Tränen ausgebrochen und wollte ihn nicht mit seinem Fuhrwerk zum Kreisstädtchen lassen. Er mußte aber den Schulleiter dorthin bringen. Den Abschied vergaß er, als das Orchester zum Beginn mit Getöse »Wir bauen ein neues Haus« spielte.

»Wenn es irgendwo Mängel gibt, dann soll man offen darüber sprechen«, erklärte später der Vorsitzende. »Wer trägt sich in die Liste der Diskussionsredner ein?«

Der junge Bauer, der an der Tür saß, hörte aufmerksam zu. Er war von Natur aufrichtig und hatte ein empfängliches Herz für alle Aufrufe. »Ich!« sagte er. »Ich will sprechen.« Sie fragten ihn nach seinem Namen und seiner sozialen Herkunft. »Bauer!« sagte er. Im Saale verbreitete sich ein Gemurmel der Anerkennung. Man reckte die Hälse, um besser sehen zu können, wie er die Rednertribüne bestieg. Der Journalist aus der Woiwodschaftsstadt, der, den Kopf auf der Stuhllehne, bisher geschlafen hatte, zuckte instinktiv zusammen und wachte auf. »Die Rednertribüne betritt ein Bauernaktivist«, sauste sein Bleistift über das Papier.

»Wer ist das?« fragte der Referent, indem er sich zum Leiter beugte.

»Ein Fuhrmann«, antwortete der. »Ich weiß nicht, was dem in den Kopf gestiegen ist.«

»Mensch! Ein wirklicher Bauer!« gratulierte der Präsident dem Ortsdirektor.

Der Bauer stützte sich mit beiden Händen auf das Pult. Zu so vielen Versammelten zu sprechen, war für ihn eine große Anstrengung. Es bereitete ihm kein Vergnügen, aber es kam ihm nicht in den Sinn, den Aufruf des Vorsitzenden auf die leichte Schulter zu nehmen. Er sagte:

»Ich verstehe mich nicht auf die verschiedenen Dinger da, aber ich möchte fragen, warum es bei uns auf dem Dorf keine Nägel und Dachplatten gibt. Wir wissen, daß Nägel und Dachplatten in die Kreisstadt kommen, aber wir haben dergleichen schon lange nicht mehr zu Gesicht bekommen. Und die Leute bei uns brauchen Nägel und Dachplatten. Das wollte ich sagen.«

Kaum hatte er geendet, als sich ein denkwürdiger Beifall erhob. Ortsvorsteher und Referenten riefen Bravo. Der Journalist beugte sich über seinen Notizblock, als hinge er am Hals eines galoppierenden Pferdes. »Ein echter Kämpfer ...« schrieb er. Rot vor Freude lief der Vorsitzende auf den Diskussionsredner zu:

»Genosse Bauer!« rief er. »Herzlich danken wir Euch, daß Ihr mit Euren kurzen bäuerlichen Worten an unserer Versammlung Anteil genommen habt.«

»Bravo! Bravo!« unterbrachen ihn die Versammelten. Die Rührung war allgemein.

»Ihr habt aber ein Stück Arbeit auf dem Lande geleistet«, sagte der Präsident zum Ortsdirektor, während er ihm auf die Schultern klopfte. Und auf einmal wurde die »Internationale« angestimmt.

Der junge Diskussionsredner setzte sich wieder auf seinen

Platz an der Tür. Er verstand nicht, warum man ihm so viel Beifall spendete. Die Sache mit den Nägeln und Dachplatten war ihm wichtig, aber davon sprach jetzt niemand mehr. Zum Schluß sagten Mädchen in Krakauer Tracht Gedichte auf. Dann verließen die Versammlungsteilnehmer den Saal. An den bescheiden in der Ecke stehenden Burschen wandten sich zwei Unbekannte.

»Ihr müßt uns einen kleinen Gefallen erweisen«, sagte der Dickere. »Wir haben gehört, was Ihr gesagt habt. Wir sind aus ... (Sie nannten den Namen der Woiwodschaftsstadt.) Morgen haben wir eine Bezirksversammlung der Mitglieder der Nahrungsmittelgenossenschaften. Es wäre gut, wenn Ihr dort als Diskussionsredner auftreten würdet.« »Die Sache ist politisch wichtig, vergeßt das nicht«, fiel trocken der andere dazwischen. »Es geht um den Beitrag der werktätigen Bauernschaft.«

»Und Euch macht es doch nicht viel aus«, drängte der erste. »Aber unsere Versammlung sieht gleich ganz anders aus, und dann interessiert sich auch die Zeitung dafür.«

Ein Bekannter brachte das Pferd und das Fuhrwerk des jungen Bauern nach Hause. Er selbst begab sich, nachdem er die Nacht auf Kosten der Nahrungsmittelgenossenschaft im Hotel verbracht hatte, am anderen Morgen mit den beiden in die Stadt. Er dachte, die Sache mit den Nägeln und Dachplatten, für die sich bei der vorhergehenden Feierstunde letzten Endes doch niemand interessiert hatte, ließe sich auf der Versammlung der Nahrungsmittelbranche voranbringen.

Der Verlauf dieser Versammlung war dem der gestrigen täuschend ähnlich. In einem bestimmten Augenblick gaben ihm seine Betreuer ein Zeichen. Er meldete sich zu Wort, und auf dem Wege zur Rednertribüne wünschte er heiß, Nägel und Dachplatten möchten in sein Dorf gelangen. Man klatschte seinen Worten Beifall, aber sonst kam nichts dabei heraus.

»Lebt wohl!« sagte zum Abschied der Dickere. »Aber ich an Eurer Stelle würde noch nicht nach Hause fahren. Überall in der Stadt hängen Plakate wegen der Versammlung der Maler und Bildhauer. Ihr solltet es dort versuchen. Der Saal ist größer, und die Leute sind intelligenter.«

Er wollte nach Hause, aber der Zug ging erst am Abend. Dem von den Straßen der Woiwodschaftsstadt Betäubten erschien die Versammlung der Maler und Bildhauer als ein sicherer Zufluchtsort. Nach zwei solcher Feiern hatte er sich schon etwas an diese Atmosphäre gewöhnt. Ja, er empfand schon keine Angst mehr vor dem Auftreten in der Öffentlichkeit; die Erwartung des Beifalls bereitete ihm sogar ein gewisses Vergnügen. Auf der Künstlerversammlung trugen die Frauen Hosen, die Männer aber rote und grüne Hemden. Mit der größten Willensanstrengung meldete er sich zu Wort. »Bauer!« knurrte er, als man ihn nach seiner sozialen Herkunft fragte. Er sah sich in seinen Erwartungen nicht enttäuscht. Unter allgemeiner Begeisterung wiederholte er sein Sprüchlein über die Nägel und Dachplatten. Schon tat es ihm nicht mehr leid, daß er den Rat des Genossenschaftsaktivisten befolgt hatte. Sogar nach Beendigung der Feier befaßten sich die Versammelten mit ihm; er mußte ihnen Modell stehen. Allen jedoch lief ein Mann von mächtiger Statur den Rang ab; dieser nahm ihn mit sich in ein Restaurant.

Jener Künstler, der keinerlei Studien hinter sich gebracht hatte, verdiente eine Stange Geld, indem er Gruppen armer Studenten-Lohnarbeiter gegen eine Provision von siebzig Prozent Bestellungen auf Dekorationsporträts abtrat. Dem jungen Bauer schlug er sofort die Teilnahme an einer Mickiewicz-Feier vor.

»Aber bei uns regnet es herein, und meine Frau . . .«, sträubte sich der.

»Heute wird es nicht regnen; das Wetter ist beständig«, sagte der andere. »Mach das für mich, mein Lieber!«

Das Pfeifen des Zuges erhob sich über die Stadt.

Die Mickiewicz-Feier fand in einem Theatersaal statt. Hinter den Kulissen, zwischen der Dekoration für den ›Bajazzo‹ von Leoncavallo, gab ihm der Maler die letzten Hinweise.

»Du trittst in einem günstigen Moment auf. Aber du mußt kräftig mit den Füßen stampfen. Dann ruf ›Bauer‹ und sieh zu, daß es frisch und fröhlich klingt. Nur dein Text muß noch ideologisch unterbaut werden. Am Anfang sagst du: ›Wir Kleinbauern‹, und dann erst fängst du mit den Dachplatten an. An den Schluß gehört der Ruf: ›Es lebe China!‹«

Als er nach der Feier aus dem Theater trat, war der Himmel mit grauen Wolken bedeckt, und es goß in Strömen. In der Vorhalle wartete der Künstler mit Delegierten der kosmetischen Betriebe. Diese hatten am nächsten Tag ihre Versammlung.

Am sechsten Tag befand er sich wieder im Zug, in einem Abteil dritter Klasse, und begab sich zu einer Versammlung in einem Betrieb für Versuchsbohrgerät. Das Geräusch der Räder erinnerte ihn an das Rauschen des Beifalls. Unwillkürlich betrachtete er sich im Fenster. Der Zug brachte ihn immer weiter und weiter.

Er schaffte sich ein Reisenecessaire an. Unterkünfte fand er ohne Mühe. Als Teilnehmer an Kongressen und Konferenzen wurden ihm Hotelzimmer reserviert und alle Spesen bezahlt. Er verstand es, sparsam zu leben. Aufgeregt erwartete er seine Auftritte. Den Text handhabte er jetzt ganz frei. Zu den Verbesserungen, die damals der Maler beigesteuert hatte, wagte er jetzt schon seine eigenen hinzuzufügen. Zum Beispiel nach der Stelle »lange nicht mehr zu Gesicht bekommen«, rief er jetzt meist: »Auf zum gemeinsamen Kampf um eine gute Nachernte!« Das ganze schloß er unweigerlich mit dem Ruf: »Es lebe China!« oder ganz einfach »China! China!«

Er wurde empfindsam für die verschiedenen Schattierungen seines Erfolgs. Immer war er gern gesehen, da er für das Protokoll einer jeden Sitzung, eines jeden Kongresses unweigerlich und ohne das Risiko eines plötzlichen Versagens oder eines Ausbruches von Spontaneität den gesunden Hauch des werktätigen Volkes beisteuerte, den die Organisatoren von Veranstaltungen so sehr schätzen. Auch entsprach sein Text dem behördlichen Bedürfnis nach einem Schuß Kritik. Kein Wunder also, daß in den Berichten und in zahlreichen Akten seiner in ungewöhnlich eingehender, ja hymnischer Weise Erwähnung getan wurde. So verging die Zeit.

Er fing an, sich einen Scheitel zu kämmen. Das neue Leben verwischte in ihm die Erinnerung an die Vergangenheit. Seine Alltagsbeschäftigung setzte sich aus einer nicht abreißenden Kette von Reisen, Aufenthalten auf Bahnhöfen, Kongressen, Auftritten in Festsälen oder unter freiem Himmel zusammen. Er gehörte einem Dutzend Komitees an, wurde in Präsidien gewählt und sogar zum Sozialpaten einer Kinderschule ernannt. Für die Journalisten und Fahrer der Dienstwagen war er eine bekannte Erscheinung. Langsam veränderten sich seine Gewohnheiten. Er lernte es, sich eines Fahrplans zu bedienen, und kaufte sich von Zeit zu Zeit Kölnisch Wasser. Nur manchmal, wenn er, eingewiegt von der Erinnerung an die letzte Feier, an den glatten Rhythmus der Reden, im Hotel schlief, wurde er nachts durch das Klopfen der Regentropfen an seinem Fenster wach.

Seine Beschäftigung übte er jetzt mit Schwung und Perfektion aus. Er war selbstsicher geworden und fürchtete nicht einmal mehr die zentralen Kongresse. Konferenzen, Festivale, Präsidien gerieten in seinem Kopf etwas durcheinander, und es war ihm eines Tages nicht ganz klar, warum er mitten unter älteren, meist bärtigen und dunkel gekleideten Genossen in einem Auto saß. In einer Reihe ähnlicher Fahrzeuge schoß der Wagen still durch eine Stadt und fuhr dann über ihre Peripherie hinaus. Es dämmerte. Ringsum lagen Felder. Nach langer Fahrt standen sie vor einem Tor. Dieses öffnete sich lautlos und gab ihnen den Weg auf einen großen, parkartigen Hof frei, dessen Bäume und Rasenflächen im Lichte von Scheinwerfern in grellem Grün erstrahlten. Es war eine schöne Nacht. Nachdem sie über Treppen und durch Korridore gegangen waren, befanden sie sich in einem Saal, so groß, daß seine Wände im Dunkel verschwanden. Nur auf dem Tisch des Vorsitzenden brannte eine kleine Lampe, deren Licht durch einen Metallschirm gedämpft wurde. Der Saal hatte keine Decke. Aus der Schwärze des Himmels blitzten die Sterne wie ein zu Stein gewordener Wolkenbruch. Die bärtigen Genossen nahmen in Sesseln Platz.

Einer von ihnen begrüßte die Versammelten und fragte, wer das Wort ergreifen wolle.

»Ich!« rief er. »Ich will sprechen.«

Aber niemand fragte ihn nach seinem Beruf.

»Wir Kleinbauern . . .« rief er und schöpfte Atem in Erwartung der Beifallsrufe. Aber nichts rührte sich. »Wir Kleinbauern!« rief er lauter. »Wir kennen uns nicht aus in diesen verschiedenen Dingern da, aber die Kreisstadt hat Nägel und Dachplatten erhalten, und bei uns gibt es keine, und die Leute . . .«

Seine Stimme versickerte in der Stille. Nach einem Augenblick erklärte der Vorsitzende: »Dies ist ein Astronomenkongreß. Sie sind anscheinend kein Kollege. Wer sind Sie?«

»Ich bin ein Bauer«, antwortete er.

»Ein Bauer? zeigen Sie Ihre Hände!«

Er näherte sich der Lampe, so daß man seine Hände deutlich sehen konnte. Von schwerer Arbeit war keine Spur an ihnen geblieben, sie waren fein und weiß.

Unter dem Schweigen der Himmelskörper, die ein kaltes Licht verstäubten, brachten ihn die Hausdiener hinaus.

Am Bächlein erhebt sich eine Birke, und nicht weit davon steht eine Hütte. Wind und Regen haben Löcher ins Dach gerissen und das Häuschen verheert. Auf der Schwelle sitzt die vor Sehnsucht frühzeitig gealterte Frau, sie blickt nach dem Wege, sieht sich die Augen wund nach dem Erwarteten.

Als er endlich kam, war er ein anderer geworden. Auf dem Kopf hatte er einen Scheitel und in der Hand ein Reisenecessaire. Er umarmte sie nicht, als sie ihm entgegeneilte, sondern rief eingebildet:

»Wir Kleinbauern ...«

Aus dem Altersheim

In unserem Altersheim brodelt es heute wie in einem Bienenstock. Wie gewöhnlich trägt man mich zum Frühstück hinunter, und da hängt in unserem Freizeitraum an der Wandzeitung ein neues »Telegramm«. Und was meinen Sie, gegen wen es gerichtet ist? Gegen unseren Sekretär, den Kollegen Gluś. Das war vielleicht eine Überraschung! Denn der Kollege Gluś konnte mit uns seit fünf Jahren, obwohl er ein Rotzlöffel von gerade siebzig ist, anstellen, was ihm nur einfiel. So hat er zum Beispiel am Jahrestag der Revolution die Losung ausgegeben, jeder von uns müsse sich verpflichten, vorfristig zu sterben. Dabei sagt er keineswegs nein, wenn ihm jemand heimlich Haferschleim zuschiebt. Man behauptet sogar von ihm, für Haferschleim täte er alles. Als der Kollege Pyziewicz, der völlig taub ist, im Jahre 1952 bei einer Feierstunde guten Glaubens »Lang lebe Zar Nikolaus!« gerufen hat, da zog Kollege Gluś seine Konsequenzen. Bekannt wurde nur, daß zwei Kerle gekommen sind und das Gebiß versiegelt haben, das Kollege Gluś auf den Nachttisch gelegt hatte. Was aus dem Kollegen Pyziewicz geworden ist, weiß bis heute niemand. Das Gebiß ist immer noch versiegelt.

Jeder, der irgendeine Vergangenheit hatte, fürchtete den Kollegen Gluś wie das Feuer. Der hochbetagte Pacyński, der in seiner Jugend von den antifeudalen Rebellen Szelas angesägt wurde, mußte in seinem Fragebogen angeben, Oberst Beck habe ihn angesägt, weil er gegen die »Sanacja« aufgetreten sei. Kollege Kaczka, den Gluś während einer Versammlung rügte, weil er schwedische Gymnastik trieb, brach zusammen und färbte seinen Bart rot. Die Kollegin Noga dagegen trug von altersher Zöpfe. Da entdeckte Kollege Gluś, daß das eine Verspottung der Chinesen sei, verstehen Sie, unseres Chinas, der Volksrepublik. Kollegin Noga konnte sich nur durch die Selbstverpflichtung retten, für den 1. Mai Transparente zu stricken.

Auch mir hat er allerhand angetan. Weil ich Balalaika spielen kann, hat mich Kollege Guś zum Vorsitzenden des Mitschurin-Kreises ernannt. Das war gar nicht so schlecht, weil ich dadurch eine Befreiung vom Hindernislauf erhielt. Aber eines Tages kam eine Kommission, und ich mußte ein Kilo Schrot essen, um den Eindruck zu erwecken, es sei uns gelungen, eine besondere Art Heidelbeeren trocken und ohne Verwendung von Wald zu züchten.

Den Tag, als der Kollegin Etual die Puderdose herausfiel, werden wir alle nicht vergessen. Die Kollegin Etual ist ungefähr im gleichen Alter wie Kollege Gluś, deshalb müßte man ihr gegenüber etwas nachsichtig sein. Aber Kollege Gluś führte einen Schauprozeß durch, in dessen Verlauf auf unser ganzes Heim der Vorwurf des Gomulkismus fiel. Kollegin Etual machte einen inneren Umbruch durch und begann, Gedichte zu Ehren der Kleinbauern zu schreiben. Einen dieser Verse müßte ich eigentlich bei mir haben; Kollege Gluś hat uns damals befohlen, ihn auswendig zu lernen. Wo habe ich ihn bloß, einen Augenblick, da ist er ja schon:

Kleinbauer du,
Schlicht und einfach immerzu!
Hast nicht Feld und Weide
Und lieferst doch Getreide.

Ein nettes Gedichtchen, nicht wahr?

Der Kollege Gluś hat noch mehr solcher Sachen gemacht. Einmal, als ein schreckliches Gewitter war, hat sich Kollege Tran geringschätzig darüber geäußert, indem er behauptete, 1880 sei ein schlimmeres Unwetter gewesen. Daraufhin beschuldigte ihn Kollege Gluś der Miesmacherei und der Verherrlichung der Vergangenheit. Kollege Gluś hat eine kranke Leber. Wenn er davon spricht, sagt er immer nur: »Diese verfluchte Hinterlassenschaft des Kapitalismus.« Einmal zwang er uns, den Antrag zu stellen, daß unser Haus, das bisher einfach »Altersheim« hieß, in »Altersheim Aufwärts« umbenannt würde. Und an diesem Mann, den wir alle gefürchtet haben, wurde heute Kritik geübt. Wir haben es doch noch erlebt, daß seine Methoden gebrandmarkt wurden. Alle drängen sich um das »Telegramm« und wollen es mit eigenen Augen lesen. Unten in der Ecke hängt es, und es enthält die Bemerkung, daß Kollege Gluś im Schlaf zu laut schnarcht. Ja, ja, eine neue Zeit ist angebrochen.

Unterwegs

Gleich hinter N. kamen wir durch flache Sumpfwiesen, in denen einzelne Stoppeln wie geschorene Köpfe von Rekruten glänzten. Trotz der Schlaglöcher und des Schlamms hüpfte die Kutsche munter voran. Fern, in Höhe der Pferdeohren, zog sich ein Streifen Wald hin. Ringsum war es einsam wie immer um diese Zeit. Erst als wir schon eine Weile gefahren waren, sah ich vor uns, je näher wir kamen um so deutlicher, die Gestalt eines Menschen. Es war ein Mann mit gewöhnlichem Gesicht in der Uniform eines Postbeamten. Unbeweglich stand er am Wege, und als wir vorbeifuhren, warf er uns einen gleichgültigen Blick zu. Kaum hatte ich ihn aus den Augen verloren, als vor uns der nächste in einer ähnlichen Uniform auftauchte; auch dieser stand, ohne sich zu rühren. Aufmerksam betrachtete ich ihn, aber bald schon erblickte ich den dritten und dann den vierten. Alle hatten das Gesicht der Straße zugewandt, schauten apathisch vor sich hin und trugen fadenscheinige Uniformen. Verwundert richtete ich mich auf dem Sitz auf, um unbehindert durch den Rücken des Kutschers den Weg besser überblicken zu können. Tatsächlich sah ich aus der Ferne schon die nächste Gestalt. Als wir noch an zwei weiteren vorbeigekommen waren, ergriff mich eine unbezwingliche Neugier. Sie standen in ziemlich beträchtlichen Entfernungen voneinander, konnten sich aber gegenseitig nicht sehen. Alle hatten die gleiche Haltung und zeigten für die Kutsche nicht mehr Interesse als sonst die Telegraphenstangen für die Reisenden. Ich wischte mir über die Augen, aber sobald wir an einem vorbeigekommen waren, erschien der nächste. Schon wollte ich den Mund öffnen, um den Kutscher zu fragen, was das bedeuten solle, als dieser mit dem Peitschenstiel auf einen von ihnen weisend, ohne sich umzudrehen, erklärte:

»Sind im Dienst.«

Und wieder tauchte vor uns eine unbewegliche, gleichgültig vor sich hinstarrende Gestalt auf.

»Wieso?« fragte ich.

»Was wieso? Sie haben halt Dienst. Hüh, Brauner, hüh!« Der Fuhrmann schien keine Lust zu weiteren Erläuterungen zu haben oder hielt sie für überflüssig. Von Zeit zu Zeit schrie er auf die Pferde ein, indem er mechanisch die Peitsche schwenkte. Brombeerhecken, Wegkapellen, einsame Weiden kamen uns entgegen und verschwanden hinter uns, und dazwischen entdeckte ich immer wieder eine der mir bereits bekannten Gestalten.

»In welchem Dienst?« fragte ich.

»Na, in welchem wohl? Staatsdienst! Telegraphenlinie!«

»Was?« schrie ich. »Für einen Telegraphen braucht man doch Draht und Masten.«

Der Kutscher schaute mich an, zuckte die Schultern und erklärte: »Man sieht, daß Sie nicht von hier sind. Jeder weiß, daß man für einen gewöhnlichen Telegraphen Draht und Masten braucht. Aber das ist ein drahtloser Telegraph. Im Plan war einer mit Draht vorgesehen, aber die Masten wurden geklaut, und Draht ist nicht zu haben.«

»Wieso, nicht zu haben?«

»Wie üblich! Eben nicht zu haben. Hüh, Grauer!«

Ich schwieg überrascht, aber ich hatte nicht vor, es dabei bewenden zu lassen.

»Aber wie denn nun drahtlos?«

»Ganz einfach! Der Erste ruft dem Zweiten das Nötige zu, dieser dem Dritten, der dem Vierten, und so geht es weiter, bis das Telegramm durch ist. Jetzt wird gerade nichts durchgegeben, aber wenn was wäre, könnten Sie's selber hören.«

»Und ein solcher Telegraph funktioniert?«

»Warum soll er nicht funktionieren? Er funktioniert. Nur daß sie oft den Inhalt der Depeschen verdrehen. Am schlimmsten ist's, wenn einer einen sitzen hat. Dann macht er sich einen Spaß daraus, verschiedenes von sich aus dazu zu tun, und dann wird es so weitergegeben. Aber sonst ist das sogar besser als ein gewöhnlicher Telegraph. Versteht sich, lebendige Menschen sind immer intelligenter. Stürme machen diesem Telegraphen nichts aus. Man spart Holz, wo doch bei uns in Polen die Wälder sowieso schon so stark gelichtet sind. Nur im Winter, da richten halt die Wölfe manchen Schaden an. Hüh!«

»Und sind diese Leute denn zufrieden?« fragte ich verwundert.

»Warum nicht? Es ist keine schwere Arbeit. Nur Fremdwörter muß man halt kennen. Jetzt ist unser Postmeister sogar nach Warschau gefahren, um eine Verbesserung durchzusetzen. Sie sollen moderne Sprachrohre bekommen, damit sie sich die Lunge nicht mehr zu zerreißen brauchen. Hüh!«

»Wenn aber einer taub ist?«

»Taube werden nicht eingestellt. Solche mit Hasenscharte

auch nicht. Einmal hat sich ein Stotterer eingeschlichen, weil er Beziehungen hatte, aber er wurde bald wieder entlassen, weil er die ganze Linie blockierte. Am Kilometerstein Zwanzig soll einer von der Theaterschule stehen, der habe die deutlichste Aussprache.«

Verwirrt durch diese Argumente schwieg ich. Schon achtete ich nicht mehr auf die Leute am Wege. Die Kutsche hüpfte über die Schlaglöcher dem Wald entgegen.

»Na gut, aber möchtet ihr nicht lieber einen neuen Telegraphen mit Draht und Masten?« fragte ich vorsichtig.

»Gottbewahre!« Der Fuhrmann zuckte zusammen. »Mit dem Telegraphen ist es jetzt in unserem Kreis ganz leicht, Arbeit zu finden. Und so ein Durchgeber kann manches nebenbei verdienen. Denn wenn jemand besonders daran liegt, daß seine Depesche unverändert ankommt, nimmt er seine Britschka, fährt zum zehnten, zum fünfzehnten Kilometer und drückt unterwegs jedem eine Kleinigkeit in die Hand. Drahtloser Telegraph, es ist eben doch immer etwas anderes als einer mit Draht. Er ist halt fortschrittlicher. Hüh!«

Durch das Gemurmel der Räder drang etwas wie ein schwacher Schrei zu uns, es war nicht das Sausen des Windes und auch kein fernes Jammern. Es klang ungefähr so: »Aaaeeeoooeeeiiiuuuiiiooo!«

Der Fuhrmann richtete sich auf dem Bock hoch und spitzte die Ohren.

»Jetzt geben sie durch«, sagte er, »bleiben wir stehen, dann kann man's besser hören. Brrr!«

Als das monotone Geräusch des Fuhrwerks schwieg, entstand eine große Stille. Jetzt drangen die Laute, die den Rufen von Moorvögeln glichen, deutlicher zu uns. Der uns am nächsten stehende Mastmann hielt sich die Hand ans Ohr.

»Gleich kommt es zu uns«, flüsterte der Fuhrmann.

Und wirklich, kaum war das letzte »Ooo« verhallt, als aus dem Hain, den wir soeben hinter uns gelassen hatten, gedehnt der Ruf ertönte:

»Vaaateeer geeestooorbeeen Beeerdiiiguuung Miiitwoooch!«

»Der Herr geb' ihm die ewige Ruhe«, seufzte der Fuhrmann und hieb auf die Pferde ein. Gleich darauf befanden wir uns im Wald.

Frühling in Polen

Der April dieses Jahres war sehr warm. An einem Vormittag, in den ersten Tagen des Monats, wurde die Menge, die sich durch die Krakowskie Przedmieście und die Alleen bewegte, Zeuge eines außergewöhnlichen Schauspiels. Ein Mann in gewöhnlichem, aschfarbenem Trenchcoat, die Aktentasche unter dem Arm, den Hut auf dem Kopf, flog ohne Hilfe irgendwelcher Geräte, lediglich wie ein Vogel leicht mit den Armen schlagend, über die Dächer in die Höhe. Er kreiste über dem »Klub der internationalen Presse und des Buches« und schwebte dann tiefer, als ob er auf dem Bürgersteig etwas erblickt habe, so daß die dort stehenden verwunderten Bewohner der Hauptstadt erschrocken die Flucht ergriffen; schon konnte man das Blitzen seines Ringes und den Zustand seiner Schuhsohlen sehen, da schwang er sich, schrill und durchdringend piepsend, wieder zur früheren Höhe auf, zog noch einmal einen majestätischen Bogen über der Stadtmitte und entflog nach Süden.

Verständlicherweise wurde viel über dieses Ereignis gesprochen, und obwohl die Presse nichts darüber bringen durfte, weil unklar war, welche Hintergründe die Sache hatte, sprach sich das Geschehene rasch im ganzen Land herum und wäre noch lange den Menschen im Gedächtnis geblieben, hätte nicht bereits wenige Tage später ein neuer Zwischenfall den vorausgegangenen in den Schatten gestellt. Fast an derselben Stelle tauchten zwei Männer mit Aktentaschen auf, durchschnitten die Wolken und flogen rasch nach Süden.

Mit fortschreitendem Frühling wurden die Tage immer wärmer. Über Warschau, dann auch über den Woiwodschafts-, ja sogar über den Kreisstädten tauchten immer häufiger jene Silhouetten in Staubmänteln und mit Aktentaschen auf; zu zweit, zu dritt, meist jedoch einzeln segelten sie in Pirouetten dahin und verschwanden schließlich im Süden.

Die Gesellschaft wollte die Wahrheit wissen; es hatte auch keinen Sinn mehr, die Sache noch länger zu verheimlichen. Schließlich erschien ein Kommuniqué, welches erklärte, im Zusammenhang mit der erhöhten Temperatur, dem Frühling und dem Öffnen der Fenster in verschiedenen Büros und Institutionen durch die Beamten erlägen sehr viele dieser Funktionäre ihrer Adlernatur, verließen ihren Arbeitsplatz und entflögen durchs Fenster. Das Kommuniqué schloß mit einem Appell an alle Angestellten und Beamten, sie sollten eingedenk der hohen Aufgaben des Fünfjahresplanes den Ruf des Blutes überwinden und auf ihrem Posten ausharren. In den folgenden Tagen fanden Massenversammlungen statt, auf denen sich die Teilnehmer verpflichteten, sich selbst zu bezwingen und nicht wegzufliegen. Damit begann ein tragischer Konflikt. Trotz des besten Willens von seiten der Beamten nahm die Zahl der über der Hauptstadt und anderen Städten Gesichteten nicht ab. Sie flatterten in weißen Kumuluswolken, schlugen Purzelbäume im Himmelsblau, wiegten sich in der untergehenden Sonne und trieben, berauscht von der Gewalt ihres Fluges, vor den Frühlingsstürmen einher. Sie tauchten in die Tiefe und schwangen sich dann wieder in eine dem menschlichen Auge unzugängliche Höhe. Immer wieder fielen den Fußgängern bei dem wilden Flug verlorengegangene Gamaschen und Brillen auf die Köpfe. Die Arbeit in den sich allmählich leerenden Büros kam nicht voran.

Aus der Hohen Tatra kamen alarmierende Nachrichten. Die Bergwachen meldeten, auf den Graten und Spitzen träten massenweise Beamte auf, die von einem Gipfel zum andern flögen und dem Tierbestand schweren Schaden zufügten. Die Klagen mehrten sich. Im Gebiet von Nowy Targ verschwanden binnen einer Woche 28 Lämmer spurlos, in Muszyna raubte ein Adler, in dem ein stellvertretender Abteilungsdirektor erkannt wurde, in tollkühnem Überfall ein Ferkel. Sie fielen wie die Blitze vom Himmel. Allmählich ging es auf den Mai zu, und in allen Büros wurden die Fenster geöffnet. Besonders ernst wurde die Lage dadurch, daß man die meisten Fälle von Veradlerung bei den zentralen Behörden beobachten konnte. Je höher die Instanz, um so größer der Prozentsatz dieser königlichen Vögel. Darunter litt auch die Autorität; denn immer wieder erblickten die Bürger den einen oder anderen, bisher nur von der Tribüne oder von Photographien bekannten Würdenträger, wie er in der Luft mit den Beinen strampelte und sich gleich einem Ballon kugelte.

Es wurde angeordnet, die Fenster in den Büros und Institutionen hätten bei jeder Temperatur geschlossen zu bleiben. Auch das half nicht viel, denn ein echter Adler vermag auch durch das Oberlicht zu entkommen.

Man versuchte die verschiedensten Mittel. Manchen band man Bleikugeln an die Schuhe, – sie entflogen in Socken. Verdächtige band man mit Schnüren an den Schreibtischen fest, – sie zerhackten die Schnüre. Immer wieder seufzte ein Beamter, noch leistete er Widerstand, das Pflichtgefühl kämpfte in ihm mit der Stimme der Natur, aber schließlich stand er doch auf der Fensterbank, hüstelte verlegen und flog weg, wobei es manchmal vorkam, daß er noch im Flug sein Vesperbrot zu Ende aß und seinen Tee austrank. Unter diesen Umständen wurde die Erledigung der Verwaltungsangelegenheiten immer schwieriger. Der wegfliegende Beamte nahm meist in seiner Tasche alle Akten der von ihm bearbeiteten Sachen mit. Ich selbst konnte eine bestimmte Angelegenheit mit dem Referenten G. nur dank einem mir bekannten Waldhüter erledigen, da dieser mir mitteilte, der Referent G. sei in der Nähe von Morskie Oko im Kampf mit einer Gemse gesehen worden. Die Antragsteller organisierten ganze Expeditionen zu den Plätzen, wo die Nester oder Jagdreviere der zuständigen Beamten vermutet wurden. Der Alpinismus entwickelte sich ausgezeichnet, das Verwaltungsleben jedoch war schwer gestört.

Der Walddienst erhielt den Auftrag, die Ausreißer einzufangen. Aber wer vermochte sie zu erhaschen, die Flüchtigen, Geschwinden, Hurtigen und Kühnen! Unerwartet gute Ergebnisse wurden nur durch eine einzige Methode erzielt, durch das Ausstellen von Netzen um den Ersten herum. Von einem unwiderstehlichen Instinkt getrieben, flogen sie dann in ganzen Rudeln zu den Finanzabteilungen, zogen hier ihre Kreise und stießen durchdringende Schreie der Erregung aus. Aber gleich nach dem Ersten verschwanden sie wieder; diejenigen, die man erwischt hatte, gingen ein oder entflohen von neuem.

So verging der Frühling, verfloß der heiße Sommer, voll Freiheit und unzähligen Höhenflügen. Unmerklich, wie eine Krankheit, schlich der Herbst herbei und löschte die Sonne aus. In den Bergen wurde es immer schwieriger, Nahrung zu finden. Die letzte Schulklasse, die einen Ausflug zur Swinica machte, entdeckte in den Felsen einen Referenten, den ersten, der beim Anblick sich nähernder Menschen nicht wegflog, sondern ihnen mit traurigem Blick entgegensah. Das Kinn hatte er in dem hochgeschlagenen Kragen seines dünnen, ausgefransten Mantels versteckt, in welchem er offensichtlich im Frühjahr weggeflogen war. Erst als die Kinder ganz vorsichtig noch näher kamen, machte er ein paar ungeschickte Schritte, krächzte heiser und entflog schwerfällig in Richtung auf die Piec Stawów, wo er im Nebel verschwand.

Heute fällt der erste Schnee. Die Flocken lassen sich auf den Schindeldächern Podhaliens, auf den Strohdächern der Masuren nieder. Unter den Dächern aber wird das Heldenlied über unsere Beamten, diese Führer und Adlernaturen, gesponnen.

Chronik der belagerten Stadt

Die Stadt wird belagert. Die Bauern der Umgebung gelangen nicht durch die Sperren; dementsprechend ist der Milchpreis übermäßig gestiegen. Vor dem Rathaus steht eine Kanone. Die Magistratsdiener stauben sie sorgfältig mit Hasenpfoten und Federwischen ab. Jemand hat empfohlen, den Staub feucht abzuwischen. Aber wer hört schon während solcher Kriegswirren auf einen guten Rat? Jedem, der auf einem eiligen Gang durch die Stadt die Kanone erblickt, krampft sich das Herz vor Beunruhigung zusammen. Mancher zuckt die Schultern: »Die Schuhe putzen sich die Leute nicht, aber die Kanone ...« Aus Furcht vor Denunzianten tut er dann jedoch, als jucke ihn der Rücken, und kratzt sich, während er die Achseln hebt, zwischen den Schulterblättern, als sei ihm nie etwas anderes in den Sinn gekommen. Mich läßt das alles kalt. Das Schicksal hat mich an mein Stübchen und diese Stadt gefesselt, und ich weiß genau, daß ich ebensowenig Marschall werde, wie ich Graf bin. Der Alte, der unter der Stiege haust, fühlt sich in seinem Element. Sein ganzes Leben lang hat er sich als Scharfschützen ausgegeben. Jetzt wird er zeigen, was er kann. Schon am frühen Morgen putzt er seine Drahtgestellbrille. Er hat Bindehautentzündung.

Am Nachmittag fiel in der Vorstadt durch eine offene Tür ein kleines Geschoß und tötete zwei Fischchen im Aquarium. Ein Staatsbegräbnis wurde angeordnet. Während der ganzen Nacht brannten in der Kathedrale Kerzen rund um einen schwarzen Katafalk. Im Sarg auf dem Katafalk lagen zwei silberne Fischlein. Man mußte sich weit vorbeugen, um sie in ihrem schwarzen, abgrundtiefen Gehäuse erblicken zu können. Später ging das Sechsgespann vor dem Leichenwagen, da es keine Last spürte, alle Augenblicke durch. Der für das Begräbnis zuständige Bevollmächtigte versuchte den Tieren zu erklären, das Wohl des Staates gebiete ihnen einen würdevollen Trauerschritt. Die Kutscher schlugen die Pferde verstohlen auf die Nüstern, und das half. Am Grabe hielt der Erzbischof eine feurige Ansprache, verwickelte sich aber in seine Albe und fiel in die Grube.

Obwohl alle ein äußerst gesammeltes Gesicht machten, vermißte ihn niemand, und so wurde er aus Versehen zugeschüttet. Übrigens hat man ihn sofort wieder ausgegraben, und die Totengräber mußten sich bei ihm entschuldigen. Er war anschließend sehr schlechter Laune. Immerhin wuchs nach diesem Begräbnis der allgemeine Haß auf den Feind beträchtlich.

Am selben Abend schoß der Alte in der Dämmerung den Laternenanzünder an. Er erklärte, die dürftige Beleuchtung sei schuld daran, denn er habe genau auf die Feinde gezielt. Auch versicherte er, seine Bindehautentzündung werde bald geheilt sein.

In der Nacht gab es in dem Keller unseres Hauses einen lauten Knall. Nicht sachgerecht verkorkte Flaschen mit gärendem, hausgemachtem Wein waren explodiert. Wir stellten eine Wache aus.

Als wir des Krachs wegen alle in den Keller rannten, um nachzuschauen, was geschehen war, sah ich, daß die Nachbarin ein Nachthemd trug, dessen Muster mich lebhaft an kleine Herbstblätter erinnerte. Ich machte sie darauf aufmerksam. Gleich mußten wir an den Herbst denken, und das machte uns so traurig, daß wir uns, obwohl die andern wieder schlafen gegangen waren, auf die Hintertreppe setzten, die auf den Hof und ins Gärtchen führt. Dort jammerten wir über diese unfreundliche Jahreszeit. Aber mir fiel ein, daß ich eine mit einfachen, doch lieben Frühlingsblumen verzierte Decke besitze. Diese holte ich und breitete sie über die Nachbarin. Gleich fühlten wir uns wohler.

Am Morgen eine neue Sensation: Ein Patriot fand beim Frühstück in seinem Kaffee ein Torpedo. Er meldete es sofort. Der Kaffee wurde ausgegossen. Eine Empfehlung, Kaffee nur noch durch einen Strohhalm zu trinken, kam heraus. Jetzt ist auch die Sauermilch vermint. Vermutlich sind das unsere Vergeltungsmaßnahmen.

In der Zeitung wird zur Anspannung aller Kräfte aufgerufen. Wir sollen Taten vollbringen, die zu Ruhm und Beförderung führen. »Ein General in jedem Haus!« lautet die Losung des Tages. Ich habe alle Kräfte angespannt, aber dabei sind mir die Hosenträger gerissen. Meine Wirtin mault: »Ein General hat mir gerade noch gefehlt. So etwas wischt sich die Schuhe nicht ordentlich ab und behält die Mütze auf dem Kopf.« In der Ausstellung drei Straßen weiter zeigen sie einen Mustergeneral. Angeblich soll es dort auch Bücklinge geben. Aber dieser Hosenträger wegen kann ich nicht aus dem Haus.

Ich versuchte zu lesen, aber meinem Fenster gegenüber hat sich der Alte postiert. Er ist so froh darüber, daß er sich endlich voll und ganz einsetzen kann. Mit dem ersten Schuß hat er mir die Lampe zerschlagen. Ich habe mich dann unters Kanapee geflüchtet, wo ich mich in verhältnismäßiger Sicherheit der Lektüre hingeben konnte. Zuerst las ich »Sindbad der Seefahrer«. Dann jedoch hatte ich den Eindruck, dies sei kein der Zeit, in der wir stehen, würdiges Buch. Ich robbte zum Bücherregal und holte einen schon etwas vergilbten Band hervor: »Der Triumphzug der Saugpumpe in den Anlagen des täglichen Gebrauchs«. Die Kugeln prallen an den Sprungfedern des Kanapees ab. Die Federn geben einen lange nachvibrierenden Ton.

Gegen Mittag ging dem Alten die Munition aus. Vielleicht ist er auch zum Augenarzt. Die Wirtin brachte die Nachricht mit, in den Photogeschäften würden alle Aufnahmen von Männern mit Bart konfisziert. Warum, konnte sie mir nicht sagen. Sie hat mir die Hosenträger repariert, aber die Neuigkeit ließ mich nicht ruhen. Die noch frisch im Gedächtnis haftende Lektüre erfüllte mich mit Forschergeist. Ich klebte mir einen falschen Bart vor und ging auf die Straße. Schon an der Ecke nahmen mich zwei Feldgendarmen fest, brachten mich zum nächsten Photographen, nahmen mich auf, entwickelten das Bild und beschlagnahmten es auf der Stelle.

In dieser Nacht konnten wir wieder nicht schlafen, da Panzerautos über die Dächer fuhren und bei den Katzen, die sich dort um diese Zeit herumtreiben, eine Ausweiskontrolle vornahmen. Soviel man hört, konnte sich nur eine Katze ausweisen, aber auch diese wurde festgenommen. Eine gewöhnliche Katze, die mir nichts dir nichts einen Ausweis besitzt, – das mußte verständlicherweise Verdacht erwecken. Die Nachbarin ging heute in einem Kleid zur Stadt, das mit grünen Erbsen gemustert war.

Seit dem Morgen malen dreißig Arbeiter die bisher blinkende Rathauskuppel schwarz an. Sogar an ziemlich trüben Tagen hat die Kuppel früher gefunkelt. Aber jetzt ist eben Belagerung. Einer der Maler glitt vor meinen Augen auf der abschüssigen Fläche aus, fiel auf die Straße und brach sich ein Bein. »Fürs Vaterland, das teure!« schrie er, als sie ihn aufhoben. Ein Passant, der dies hörte, riß einem andern den Spazierstock aus der Hand und brach sich selbst mit einem Schlag ein Bein. »Ich will nicht nachstehen«, schrie er. Sein eigener Ruf erregte ihn noch mehr, so daß er sich obendrein auch die Brille zerschlug.

Im Zirkus spielen sie ab heute nur noch patriotische Nummern und nicht einmal die alle.

In der Familie unseres Hausmeisters machen sich bereits die ersten typischen Folgen der mit der Belagerung verbundenen Lebensmittelverknappung bemerkbar. Auf dem Heimweg kam ich an dem offenen Souterrainfenster vorbei und hörte, wie der Hausmeister zu seinem Sohn sagte: »Wenn du nicht lieb bist, ißt dir Papa das Mittagessen weg.« Seine Stimme war voll von kaum verhohlener Gier. Ich zuckte die Schultern. Warum gibt dieser Vater nicht einfach zu, daß er hungrig ist? Das Kind würde dies sicher verstehen. Diese Heuchelei empörte mich zutiefst.

Die Wirtin begrüßte mich mit einer Neuigkeit: »Wissen Sie schon, daß in diesem Jahr Weihnachten ausfallen soll? Die Christbäume sind für die Barrikaden bestimmt.«

»Machen Sie sich nichts daraus«, sagte ich. »Da hängen wir die Kugeln eben an den Asparagus.«

»An den Asparagus?« jammerte sie. »Jesusmaria, hat die Welt so etwas schon gesehen?«

»Was wollen Sie, gute Frau, besser an den Asparagus als an gar nichts.«

Sie dachte einen Augenblick nach. »Da haben Sie recht«, sagte sie schließlich. »Aber wenn die den Asparagus auch für die Barrikaden haben wollen?«

Darauf wußte ich nichts zu sagen. Durch die Straßen rasen Dackel, die jetzt als Boten eingesetzt werden. Offenbar ist wieder etwas passiert.

Erste Sitzung des Generalstabs. Angeblich ist es zu einer Meinungsverschiedenheit gekommen, was den Gebrauch der vor dem Rathaus stehenden Kanone betrifft. Man war sich zwar darin einig, daß man mit ihr auf den Feind schießen solle, aber die einen wollten, daß dies an einem staatlichen Feiertag geschehe, während die andern an einem kirchlichen Feiertag schießen wollten. Es bildete sich ein Zentrum; dieses vertrat die Meinung, man solle einen neuen staatlichen Feiertag anordnen, der wie zufällig auf ein Kirchenfest treffe. Die Linke spaltete sich daraufhin sofort in zwei Gruppen; die eine schlägt vor, den Änderungsantrag des Zentrums in Erwägung zu ziehen, während die zweite diesen Vorschlag sofort ablehnte und ihn als ein Zeichen des Opportunismus verurteilte. Kurz darauf spaltete sich auch die Ultralinke. Die eine Gruppe verlangte, es solle eine Resolution gefaßt und veröffentlicht werden, die das Verhalten der Gemäßigten nachdrücklich verurteile und sich davon distanziere. Die zweite empfahl, man solle sich auf einen nur für den inneren Gebrauch bestimmten Einspruch in zurückhaltender Form beschränken. Ähnliches geschah auch im Lager derer, die die Schießerei an einem kirchlichen Feiertag veranstalten wollten. Auch hier erfolgten die Spaltungen gemäß dem Standpunkt, den die einzelnen Gruppen zum Vorschlag des Zentrums einnahmen. Nachmittags rissen mir die Hosenträger wieder. Es ist mir peinlich, die Wirtin noch einmal um Hilfe zu bitten. Schließlich hat auch diese Frau das Recht auf ein Eigendasein. Ich sitze also zu Hause und exzerpiere aus dem »Triumphzug«.

Abends fühlte ich mich müde. Ich sagte mir, daß mir nach angestrengter geistiger Arbeit eine Entspannung zustehe. Das Dunkel auf der Straße ermutigte mich, – der Laternenanzünder liegt noch immer im Krankenhaus. Nicht einmal fünf Schritte weit kann man sehen, daß meine Hosenträger gerissen sind. Ich schlich mich zur Wirtschaft, wo ich an der Theke die Bekanntschaft eines sehr netten Menschen machte. Wie sich herausstellte, war es der Kanonier unseres Geschützes. Er vertraute mir an, daß er keine Ahnung hat, wie man damit schießt. Er ist Seidenraupenzüchter und wurde zum Artilleriedienst durch einen Fehler in der Kartothek einberufen. Während ich das Glas zum Munde führte, mußte ich mit der linken Hand meine Hose halten. Die Zeit verging uns rasch. Bald schon umarmten wir uns herzlich. Leider konnte ich ihn nicht in meine beiden Arme nehmen. Ich fürchte, er hielt mich für einen kalten und verschlossenen Menschen. Auf dem Heimweg hielt ich mich dicht an die Mauern, da durch die leeren Straßen die Kugeln des kurzsichtigen Alten pfiffen.

Leider hatte die Wirtin die Tür verriegelt. Unentschlossen schlenderte ich im Garten herum und schaute zu den Fenstern empor. Einige, darunter auch das der Nachbarin, waren noch erleuchtet. Ich konnte sie sogar sehen. Sie war so leicht angezogen, daß sie vor Kälte zitterte. Fast wäre ich aus Kummer in Tränen ausgebrochen. Wie kann man nur so wenig auf sich achten?

Da ich spät zu Bett gekommen war, schlief ich bis Mittag. Als ich aufstand, überraschten mich zwei wichtige Neuigkeiten. Die eine betrifft die zweite Sitzung des Generalstabs, wo sich nunmehr auch das Zentrum nach Maßgabe der Einstellung seiner Mitglieder zu den Standpunkten der beiden Gruppen der Ultralinken und der Linken, sowie zu den drei aus dem rechten Flügel entstandenen Gruppierungen zu spalten begann. Und die zweite

Neuigkeit: Im Rathaus hat eine Feierstunde stattgefunden. Unser Alter erhielt in Anerkennung seines freiwilligen, wachsamen Kampfes mit dem Feinde einen Orden und einen neuen Karabiner mit Fernglas. Sofort eilte ich in die Apotheke und versah mich mit Jod und Verbandstoff, was ich von nun an ständig mit mir führen werde. Bei der Feier im Rathaus kam es zu einem kleinen Skandal. Infolge seiner Kurzsichtigkeit steckte sich der Alte die Medaille verkehrt an. Als man ihn darauf aufmerksam machte, eröffnete er das Feuer. Mit dem Ruf, niemals werde er einen Feind durchlassen, rannte er in die Stadt. Die Auszeichnung hat seine Opferbereitschaft noch erhöht. Welch ein Übermaß an edlem Wollen in diesem Menschen, welch eine Glut!

Aber das Leben in der Stadt bedrückt mich. Ich meine, es wäre Zeit, einen Maiausflug zu machen. Sich irgendwo ins Gras legen und über sich nur die langsam ziehenden Wolken haben! Ob wohl das Wetter hält? Mein Gott, in meiner Stadt gibt es so viele schöne Kathedralen und Denkmäler. Die Jahreszeiten wechseln so wundervoll, als ob die Natur selbst uns ein ständiges Theater mit unmerklich wechselndem Bühnenbild besorgte. Wenn man irgendwo am Rande der Befestigungen jetzt auf die Mauern stiege, könnte man sicherlich im Süden eine durch nichts begrenzte Welt erblicken. Gibt es etwas Schöneres, als an einem Sommermorgen um fünf Uhr am Strand des Meeres zu stehen und zu wissen, daß man gleich nach Süden, immer weiter nach Süden schwimmen wird? Sicherlich gibt es etwas, und diese Sicherheit macht uns geneigt, guter Dinge zu sein und fröhlich immer weiter und weiter zu wandern. Natürlich stellte ich mir das alles nur vor. Das Fehlen ordentlicher Hosenträger setzte mir immer mehr zu. Infolge meiner Unkenntnis des praktischen Lebens vermochte ich nicht, dem Schaden selbst Abhilfe zu schaffen, andererseits hinderte mich die Scham, andere um Hilfe zu bitten. Zudem ereignete sich dauernd etwas Neues. In einem offiziellen Kommuniqué wurde mitgeteilt, daß das Abfeuern der Kanone endgültig auf den morgigen Tag festgelegt sei.

Dies hatte eine allgemeine Betriebsamkeit zur Folge. Eine der Instruktionen enthielt die Anweisung, jeder Bürger habe sich für die Dauer der Belagerung, vor allem aber für den Abfeuerungstag, einen Helm zu beschaffen. Daraus entstand eine große Verwirrung. Meine Wirtin machte sich mit Auftrennen und Nähen zu schaffen und kam dann in einem Filzhelm zu mir. Sie hatte ihn zurechtgeschneidert aus einer alten, bisher auf dem

Dachboden in einem Koffer verwahrten Mütze, in der sie, als sie noch klein war, zur Schule gegangen ist. Der Helm roch nach Mottenpulver.

»Ist es gut so?« fragte sie mich unsicher und fast verschämt.

Ich war ganz überrascht, da sie alle Vorbereitungen in der Stille vollbracht hatte, statt wie sonst, wenn sie eine Anordnung der Behörde ausführte, laut zu maulen und zu schimpfen, was mich jeweils auf dem laufenden hielt.

»Ausgezeichnet sehen Sie aus darin«, sagte ich, »ganz jung sehen Sie aus. Nur wissen Sie, das Ganze ist etwas zu weich, ein Helm müßte steif und hart sein.«

»Was soll ich bloß machen?« jammerte sie. »Ich habe alle Löcher zugestopft, so gut es nur ging.«

»Das ist nicht die Frage«, versuchte ich sie geduldig aufzuklären. »Verstehen Sie, im Ernstfall ... Aber Sie haben doch sicherlich ein Stück Blech, eine Bratpfanne oder irgendeinen alten Topf, den Sie nicht mehr brauchen ...«

Ich selbst machte mir die Sache recht leicht. Als sie weggegangen war, nahm ich den Asparagus aus dem Blumentopf und stülpte ihn auf den Kopf. Dies bot freilich nicht einmal vor Splittern Sicherheit, aber nicht darauf kam es mir an. Ich wollte einfach meine Ruhe haben für den Fall, daß Kontrollen durchgeführt würden. Einen Augenblick störte mich der Gedanke, was wir machen sollten, wenn wir den Asparagus tatsächlich für Weihnachten brauchten.

Vom Wunsche beseelt, mich nach einem Tage voller Vorbereitungen zu entspannen, machte ich am Abend einen kleinen Bummel auf den Friedhof. Wirklich fand ich dort, was ich suchte: Friede und Stille. Besonders wohltuend wirkte dies nach dem Gang durch die Straßen, die voll von einer aufgeregten, größtenteils bereits mit Helmen versehenen Menge waren. Alle hatten es eilig, noch rechtzeitig ihre Einkäufe für das morgige Fest zu machen, an dem alle Läden geschlossen bleiben sollen.

Als ich langsam durch die Allee ging, kam ich an dem noch unvollendeten Obelisken vorbei, der auf dem repräsentativen Grab der am ersten Tag der Belagerung gefallenen Fischlein errichtet wird. Aus Gewohnheit sage ich »Fischlein«, obwohl dies im Widerspruch zu dem Inhalt der Grabtafel steht. Zu meiner Verwunderung traf ich dort die Nachbarin, die anscheinend gleich mir für eine Weile dem Lärm und Wirrwarr der Stadt entflohen war. Unter ihrem kleinen Wellblechhelm lugte ihr Haar hervor. Ich wurde ganz befangen.

»Wie still es hier ist«, sagte ich, als ich neben ihr stand.

»Ja, sehr still«, antwortete sie.

»Morgen schießen sie.«

»Ja, soviel man hört.« Sie nahm ihren Spiegel heraus und setzte sich den Helm zurecht.

Das Abfeuern der Kanone mißlang. Die Wirtin teilte mir das mit. Ein offizielles Kommuniqué wurde nicht herausgegeben. Ich dachte mir, daß mir mein Bekannter, der Kanonier, also die Wahrheit gesagt hatte. Vielleicht spielten hier aber ganz andere Momente eine Rolle, und es war gar nicht seine Schuld. Die Leute redeten ziemlich viel über dieses Thema. Ich war aber von etwas anderem in Anspruch genommen, denn ich wollte mich endlich auf einen Maiausflug begeben. Wie schon erwähnt, ging ich in dieser Zeit meiner Hosenträger wegen während des Tages nicht auf die Straße. Der Wirtin erklärte ich, die Beine täten mir weh und ich hätte viel Arbeit. Dabei wies ich auf den geöffnet auf dem Tisch liegenden »Triumphzug der Saugpumpe in den Anlagen des täglichen Gebrauchs« und meine Notizen. Was den Maiausflug betrifft, so rechnete ich damit, daß ich am Stadtrand niemandem begegnen würde, außerdem wollte ich erst spät am Nachmittag losgehen. Am Abend des Abfeuerungstages blieb ich zu Hause und überließ mich meinen Plänen und Träumen über den bevorstehenden Ausflug. Nachdem ich das Licht ausgelöscht hatte, stand ich noch lange am Fenster.

Als ich am nächsten Morgen aufwachte, hörte ich meine Wirtin in der Küche weinen. Ich war ganz konsterniert, denn ich konnte mir nicht vorstellen, was ihr einen solchen Kummer bereiten mochte. Dann brachte sie mir zusammen mit dem Frühstück und den Schnitten für den Ausflug die Zeitung. Sie stellte alles auf den Tisch und lief schluchzend weg. Auf der ersten Seite der Zeitung war ein Photo von mir und die Mitteilung, daß an allem kein anderer schuld sei als – ich.

Das wunderte mich weniger, als ich erwartet hätte. Woher soll ich schließlich mit Sicherheit wissen, daß ich nicht an allem schuld bin? Ich ging nicht aus dem Haus und freute mich jetzt heimlich über den Defekt meiner Hosenträger, der mich ans Zimmer fesselte. Es wäre mir peinlich gewesen, mich den Leuten zu zeigen, da ich an allem schuld war und für meine Mitbürger darüber kein Zweifel bestand.

Nur schade, daß mir die Annehmlichkeit des Maiausflugs verdorben war. Als ich aus dem Haus ging, hielt ich mit der einen Hand, wie gewöhnlich, meine Hose, die andere reichte ich dem

Hausmeister. Alle meine Bücher, darunter auch »Die Abenteuer Sindbads, des Seefahrers« und den »Triumphzug der Saugpumpe in den Anlagen des täglichen Gebrauchs« vermachte ich meiner Wirtin. Sie bat mich, ich solle ihr von Zeit zu Zeit schreiben. Glücklicherweise dämmerte es bereits. Der Laternenanzünder war noch immer nicht gesund. Ich ging auf den Hof und hoffte, ich werde die Nachbarin durchs Fenster sehen. Ich erblickte sie nicht, hörte aber, daß sie mit jemandem sprach. An der Stimme erkannte ich meinen Bekannten, den Kanonier. Dann wandte ich mich nach Süden. Ich liebte meine Stadt aufrichtig. Die Mauern atmeten eine milde, tiefe Wärme aus, wie sie die Steine an der Neige eines heißen Tages von sich geben. Immer habe ich die echte Architektur bewundert, alles, was klug und einfach ist, was sich gleichsam von selbst ergibt, was groß und schön ist dank einer Art natürlicher, unwillkürlicher Bewegung. Soweit das möglich ist, macht mir also das Leben Spaß.

Ich betrachtete die Umgebung der seit langem verlassenen alten Zitadelle. Dann ging ich auf die alten, sich aber immer noch deutlich hervorhebenden Wälle in ihrem jetzt vor der zweiten Heumahd üppigen Grün zu. Immer leiser wurde hinter mir der Lärm der Straßen, als ich die Außenwerke betrat, die mit der Zeit die Gestalt runder Buckel angenommen hatten. Sie hatten all ihren kriegerischen Inhalt eingebüßt und bildeten jetzt idyllische, wenn auch irgendwie beunruhigende Hügel. Mich freute es, daß sich meine Vermutung als richtig erwiesen hatte. Fast niemandem war ich unterwegs aufgefallen, so daß ich unbekümmert mit einer Hand meine Hose halten konnte. In der anderen trug ich meine Schnitten.

Etwas ermüdet von dem schnellen Marsch rastete ich in einem Tal zwischen zwei sehr hohen, sich im gleichen Abstand weit in die Ferne ziehenden Wällen. Schon seit geraumer Zeit ging ich auf der Sohle dieser Schlucht; über mir sah ich jetzt nur noch einen Streifen des allmählich dunkler werdenden Himmels. Als ich zu ihm hinaufschaute, merkte ich, daß sich vor seinem Hintergrund außerordentlich scharf eine Gestalt abzeichnete, die einen Karabiner reinigte und auf der Brust ein blitzendes Scheibchen wie von einer Medaille trug. Dort auf der Höhe schien noch die Sonne, während in meiner Furche schon ein dunkelblauer Schatten lag.

Da oben befand sich natürlich der Alte mit der Bindehautentzündung, der in der Verfolgung der Feinde so unermüdlich ist. Ohne sich in seinem freiwilligen Dienst eine Rast zu gönnen, wachte er jetzt am Rande der Stadt. Obwohl ich erfüllt war von Bewunderung ob seiner ausdauernden Leidenschaft, fürchtete ich doch, dem Guten könne trotz edelster Absichten auf Grund seines Augenleidens ein Irrtum unterlaufen.

Glücklicherweise sah er mich nicht. Ich bemühte mich, kein Geräusch zu machen, und ging auf Zehenspitzen weiter dem Tal nach. Bald darauf hatte ich ihn schon hinter mir. Ich wäre wesentlich schneller vorangekommen, hätte mich nicht die ständig rutschende Hose, die ich dauernd festhalten mußte, behindert. Wenn ich nur keine defekten Hosenträger gehabt hätte! Diese lächerlichen Skrupel verließen mich auch jetzt nicht. Schließlich war ich doch allein in diesem Tal, vor wem brauchte ich mich zu schämen?

Dann schoß er aber doch noch. Als ich schon, mit dem Gesicht auf der Erde, im Grase lag, fühlte ich, wie mein Herz dumpf und dumm schmerzte.

Schuld und Sühne

Ein stilles, lila Kinderzimmer. Im Bettchen schläft ruhig ein kleiner Junge, der sein Abendgebet nicht verrichtet hat. Daneben steht mit schamrotem, hinter der Hand verdecktem Gesicht ratlos der Schutzengel.

Der Bub war wieder den ganzen Tag über von einem Bösen zum nächsten geplantscht. Er hatte Konfitüre genascht, einen Buckel gemacht, nicht aufgepaßt und war gerannt. Vergeblich hatte der Engel ihn mit einem flehentlichen Wehen seiner Flügel umgeben, ihm Hinweise für ein rechtschaffenes und reines Leben zugeflüstert. Von einem Buckelmachen zum nächsten, von Rennen zu Rennen, vom zerschlagenen Knie zur zerrissenen Hose war der kleine Unglücksrabe immer tiefer gesunken. Nichts konnte ihn zurückhalten, weder die Erinnerung daran, daß sein Vater nichts dergleichen tue, noch die Berufung auf Piotr Pokrowski, den jungen Helden und Heiligen, noch das Summen religiöser Lieder, noch das Hinabstürzen des im ganzen Stadtviertel bekannten Buckligen in einen Abgrund, damit dem Kleinen das schlechte Beispiel aus den Augen käme.

Ohnmächtig stand der Schutzengel da. Die seinesgleichen zugänglichen Mittel hatte er erschöpft. Güte, Süßigkeit, milde

Überredung, Besänftigung . . . all das nützte nichts. Unerschüttert in seiner Verwerflichkeit, in seinem Hochmut, lag der Kleine da, war taub für die Stimme des Guten, hatte sein Abendgebet nicht verrichtet und sich beim Einschlafen sicherlich vorgestellt, welche Buckel er morgen machen werde.

Im Engel gewann plötzlich die Erbitterung die Überhand. Sollte das Gute in all seiner sanften Majestät nichts zu bedeuten haben gegenüber dem Eigenwillen eines kleinen Burschen? Die Verehrung des Guten verband der Engel mit einem gewaltigen Abscheu vor dem Bösen. Es kam der Augenblick, da das kleine Herz des dienenden Geistes stärker für die gute Sache schlug als das weite Herz des Guten selbst. Aus Liebe zum Recht wollte er das Recht brechen; dies sollte sein Opfer sein.

Er nahm seine Hand vom Gesicht, schlich leise zum Bett und gab dem Buben eine kräftige Maulschelle.

Der sprang erschrocken hoch. Unter dem Eindruck des Schlages sprach er schnell sein Abendgebet, murmelte etwas Unverständliches, legte sich nieder und schlief wieder ein.

Zitternd vor Erregung und Freude blickte der Engel lange in die Nacht hinaus.

Frisch und jung kam der Morgen. Während des Schlafes hatte sich in dem Kleinen die Erinnerung an den gestrigen Abend verwischt. Beim Frühstück wollte er wie üblich seine Milch nicht trinken. Von der Milch wurde ihm immer schlecht. Da spürte er einen harten Tritt. Er kapierte und trank still seine Milch aus.

Er verabschiedete sich von seiner Mutter und begab sich zur Schule. Artig ging er über die Straße, blieb nirgendwo stehen, sah sich nicht um. Er war auf der Hut, aber er war sich seiner Sache noch nicht sicher. Als er sich allein in einer leeren Allee befand, schaute er sich vorsichtig um und machte dann ganz schnell einen Buckel. Unverzüglich rief ihn eine kräftige Kopfnuß zur Ordnung. Es gab keinen Zweifel mehr: sein Schutzengel haute ihn.

Der gute Geist fand Geschmack an der neuen Methode. Ihn blendete die Leichtigkeit, mit der er jetzt alles erreichen konnte, was früher trotz eines großen Aufwandes an gutem Willen und Geduld undenkbar war. Bald schon merkte er, daß sich diese Methode durch die entsprechende Spezialisierung der Hiebe bedeutend vervollkommnen ließ. Dabei empfand er eine ähnliche Freude wie ein frommer Organist, wenn er geschickt die richtigen Tasten erwischt. So gab es also für Tellernichtleeressen einen Tiefschlag, für Buckelmachen eine Kopfnuß, für Einschlafen ohne Abendgebet eine Maulschelle, für Rennen und Inschweißgeraten einen rechten Haken, für Plantschen in Pfützen einen linken Haken, für Lärmen, während Papa arbeitet, einen Tritt ...

Mit dieser Methode brachte er es zu ausgezeichneten Erfolgen. Jetzt mußte der Schutzengel an den Abenden schon nicht mehr gedemütigt in der Ecke stehen und sein Gesicht in den Händen verbergen. Im Gegenteil, er setzte sich bequem hin und überwachte, während er sich die rechte Hand massierte oder mit den Fingern auf dem Tisch trommelte, zufrieden das brav und flüssig gesprochene Abendgebet. Manchmal wurde es ihm sogar langweilig, dann achtete er doppelt wachsam auf alles, was der Bub tat, und paßte auf eine Gelegenheit, um diesem durch einen kunstgerechten Hieb die Überlegenheit des Guten über das Böse zu beweisen.

Manchmal kam es sogar vor, daß der Junge, auch wenn er gar nichts angestellt hatte, einen kräftigen Schlag verspürte. Dann schlug ihn der Engel, um nicht aus der Übung zu kommen und für alle Fälle.

Der Bub veränderte sich sehr zu seinem Vorteil. Er rannte nicht mehr, machte keinen Buckel, lärmte nicht, verrichtete seine täglichen Gebete, aß seinen Teller leer. Auch äußerlich veränderte er sich. Infolge der reichlichen Mahlzeiten und des übermäßigen Milchgenusses – sobald seine Eltern nämlich sahen, daß er das ganze Glas austrank, glaubten sie, er möge jetzt Milch, und gossen ihm unaufhörlich nach – wurde er dick und blaß. Nachdem er alle Verbrechen des kindlichen Alters aus sich ausgetrieben hatte, verfügte er jetzt über viel freie Zeit und lernte es, seine Kräfte für sein Innenleben zu verwenden. Er wurde immer ernster, beobachtete seine Umgebung und beschäftigte sich schließlich mit Chemie. Wenn er fett und ruhig, geheimnisvoll in sich selbst verschlossen, auf einer Bank im Park saß und nicht einmal den Versuch unternahm herumzurennen, weil er wußte, daß er sofort einen schmerzhaften Haken bekäme, beugte er sich, während die anderen Kinder im Grase Fangen spielten, über sein Lehrbuch und drang immer tiefer in die Welt der Moleküle ein. Ein hartnäckiger, tief verborgener Gedanke durchpflügte seine kindliche Stirn.

Man fing an, ihn für ein Wunderkind zu halten, und alle waren mit ihm höchst zufrieden. Er aber arbeitete mit Ausdauer. Sein Vater hatte ihm eine kleine Werkstätte eingerichtet und ließ ihm bescheidene Mittel zukommen.

So verging die Zeit. Eines Nachts erhob sich eine gewaltige Feuersäule über der Stadt, und ein mächtiger Krach erschütterte die Umgebung. Durch eine bewundernswert geschickt, wenn auch dilettantisch gebaute Bombe mit hausgemachtem Dynamit gesprengt, flog das Elternhaus unseres Kleinen in die Luft. Der Bub lief bereits über die Felder; er hatte einen vorher schon gepackten Rucksack mit Lebensmitteln, Geld und einer Schiffskarte nach Südamerika auf dem Rücken. Ihm nach raste der Schutzengel, um ihm einen doppelseitigen Haken zu verpassen.

Die Musterung

In dem großen Zimmer mit den hellen Fenstern befand sich der Tür gegenüber ein langer, schmaler Tisch, an dem die Musterungskommission Platz genommen hatte. In der Mitte der Vorsitzende im Range eines Hauptmanns, links und rechts von ihm zwei Oberleutnants und ganz außen, über die Register geneigt, Unteroffiziere. Etwas abseits, neben der Waage, hielten sich zwei Ärzte mit Hörrohren.

Die Tür öffnete sich, und der nächste Stellungspflichtige erschien, ein kräftig gebauter Junge, dessen ganzen Körper eine dichte Tätowierung bedeckte. Vorschriftsmäßig näherte er sich dem Tisch und baute sich gegenüber dem Vorsitzenden auf.

Die Augen aller richteten sich auf die Zeichnungen, die seine Arme, seine Brust, ja auch den Bauch und die Beine bis zu den Knöcheln bedeckten. Es waren jedoch keine Frauengestalten, wie die auf Grund ihres harten Lebens nach Weiblichkeit dürstenden Offiziere erwartet hatten, sondern genau ausgeführte, wenn auch verwickelte Darstellungen von Werktätigen mit Hämmern und Sicheln in den Fäusten, ja auch ganze Gruppenbilder, deren verblüffende Überfülle an Details auf den ersten Blick verwirrend wirkte.

»Was ist denn das?« fragte der Vorsitzende.

Der Bursche straffte sich, und bei dieser Bewegung erschien auf seinem Brustkasten das Panorama eines großen Industriebetriebs.

»Rechts Ernte und landwirtschaftliche Industrie, oberhalb des Zwerchfells die Schwerindustrie, auf dem Zwerchfell das soziale Leben und die Welt der Wissenschaften, zwischen Brustbein und Schlüsselbeinen Handel und Leichtindustrie, an den Beinen Sport- und Freizeitgestaltung!« rief der Junge mit kaum verhehltem Stolz.

»Na gut!« sagte der Vorsitzende, seine Überraschung mühsam verbergend. Er zog die Stirn in Falten, kratzte sich am Hinterkopf und dachte scharf nach. »Und wo sind die Abendkurse für die Erwachsenen, mit einem Wort, die Erziehung. Denn die Erziehung ist eine wichtige Sache und unsere große Errungenschaft«, fügte er streng hinzu.

»Bitte, hier unter dem Arm!«

»Treten Sie näher! Ich sehe nichts. Was haben Sie dort, was stellt das dar?«

»Arbeitsaktivisten, die nach der Schicht Tischtennis spielen«, erklärte der Bursche. »Sie können es vielleicht nicht richtig sehen, Herr Hauptmann, denn das muß alles sehr klein sein, sonst hätte es nicht Platz.«

Hinter dem Tisch wurde es lebendig. Die Mitglieder der Kommission teilten sich leise ihre Beobachtungen mit. Der junge Mann hatte durch sein entwickeltes Sozialbewußtsein, durch seinen am ganzen Körper sichtbaren Patriotismus allgemeine Sympathie erweckt. Er verblieb vor der Kommission im Stillgestanden, und da er fühlte, daß er einen ausgezeichneten Eindruck machte, wagte er sich mit einem Vorschlag vor:

»Wenn Sie erlauben, Herr Hauptmann, kann ich noch etwas zeigen.«

Der Vorsitzende war einverstanden. Als er die Erlaubnis erhalten hatte, änderte der junge Mann seine Haltung, pumpte seine Lungen voll Luft und begann ein geheimnisvolles Spiel seiner Muskeln, durch welches sich die einzelnen Figuren, ja, sogar ganze Gruppen bewegten, als seien sie lebendig. Durch die Bewegung der Bauchfellmuskulatur erschien vor den Augen der Kommission eine Kindergärtnerin, die eine Gruppe von Kleinen spazieren führte. Indem er sich glänzend der gehorsamen Teile seines hervorragend durchtrainierten Körpers bediente, erzielte der junge Mann ein Höchstmaß an Ausdruck und Lebensnähe. Dadurch, daß er zum Beispiel seinen rechten Vorderarm beugte, Bizeps und Trizeps lockerte und spannte, stellte er eine Szene her, die zeigte, wie die Bauern das Getreide zur staatlichen Sammelstelle fahren. Die Offiziere konnten sich kaum halten vor Verwunderung über seine Umsicht und Sachkenntnis. Niemand bezweifelte, daß der junge Mann auf Grund der Loyalität, die aus allen Poren seiner kraftvollen Gestalt atmete, einen Soldaten abgeben werde, an dem der Staat seine Freude haben könne.

»Und hinten? Haben Sie da auch etwas?« fragte der Hauptmann in der Erwartung, daß dort zumindest ebensoviel zu sehen sein werde wie vorne.

»Jawohl!« antwortete der Bursche und drehte der Kommission gehorsam den Rücken zu.

Da sprangen die Anwesenden plötzlich auf, nahmen Haltung an, und ihr Blick drückte die gehörige Hingabe und Verehrung aus. Alle salutierten schweigend.

Wie ich kämpfte

Als ich am Morgen wegging, um Milch zu holen, sah ich, daß auf der Straße vor meinem Haus eine Barrikade stand. Man mußte sie erst vor kurzem errichtet haben, denn als ich gegen vier Uhr aufgestanden war, hatte ich noch nichts gesehen. »Was für eine Überraschung!« dachte ich mir. »Am besten, man geht überhaupt nicht mehr zu Bett.«

Die Barrikade bestand, wie üblich, aus sehr verschiedenen Gegenständen. Ihr Zentrum bildete ein riesiger Schrank aus Akazienholz, der mit einem Bogen Panzerblech bedeckt war. Die gewöhnlich auf dem Schrank zur Reifung ausgelegten Tomaten lagen da und dort verstreut herum. Als ich herantrat, herrschte unter den Männern, die den kriegerischen Bau aufführten, gerade Streit.

»Zum Teufel!« fluchte ein großer, sonnenverbrannter Kerl, der mir nach dem Anführer aussah. »Sag endlich klar, ob du für die Sache sterben willst oder nicht.«

Der Angesprochene, ein kleines, auf eine lange Flinte gestütztes Männchen, bohrte, offensichtlich um Zeit zu gewinnen, mit einem Streichholz in den Zähnen.

»Wenn du nicht willst, zwingt dich niemand dazu«, schrie der Große. »Wie man sich bettet, so liegt man.«

»Schön!« erklärte der Kleine friedfertig. »Wo soll ich mich aufstellen?«

Der Anführer wies ihm einen Platz zu. Mich ergriff Eifersucht. Schon seit langem fühlte ich mich als Revolutionär. Immer schon habe ich aufbegehrt gegen das Grau, gegen den Rhythmus eines ausweglosen Alltagslebens. Jeden Morgen Milch holen, dann die Milch sauer werden lassen und dieses ewige Ausspülen der Töpfe! Ich wollte kämpfen. Übrigens hatte ich damals keine Stellung.

»Ich möchte auch kämpfen«, wandte ich mich an den Kommandanten. »Auf Leben und Tod«, fügte ich bedeutsam hinzu.

Der Kommandant maß mich mit einem Blick. »Intelligenzler?« fragte er kurz.

»Jawohl! Aber man kann nicht behaupten, daß ich viel läse«, antwortete ich.

»Wir können auch Vertreter der Intelligenz gebrauchen«, unterbrach mich der Kommandant. »Legt Euch hierhin!« Er zeigte mir einen Platz auf der Barrikade. »Ihr könnt zwar nicht schießen, aber Ihr habt einen harten Schädel, in dem die Kugeln der Häscher kraftlos steckenbleiben. Aber habt keine Angst, die können nicht viel Pulver auflegen. Das Pulver stehlen die Lieferanten und Offiziere. Auch Euer Milchhäfchen könnt Ihr hier lassen.«

In Ausführung des Befehls legte ich mich an den angewiesenen Platz hinter der Barrikade. Rechts von mir ragten die Schranktüren in die Höhe. Mit den Beinen stieß ich an einen ausgestopften Bären. Es versprach ein sehr schöner Tag zu werden.

Auf der Barrikade herrschte noch immer Bewegung. Zufrieden, weil mir bereits eine Aufgabe zugewiesen war, betrachtete ich meine Kampfgefährten der Reihe nach und beobachtete dann die umliegenden Häuser. Auf der rechten Seite hing aus einem Fenster im zweiten Stock eine weiße Fahne. Die vom Kommandanten dorthin entsandte Patrouille kam mit der Meldung, ein Farbenblinder habe die Flagge gehißt. Sofort wurde eine Untersuchung eingeleitet.

Die Sonne stieg immer höher. Aus dem Tor trat mein Bekannter, der Hausmeister. Ich winkte ihm heimlich zu. Der Hausmeister sah ernst und besorgt drein. Ich wollte ihn nach oben um ein Kissen schicken, denn die Kante des Schrankes drückte mich gegen den Kopf. Aus Furcht vor der Führung, die dies vielleicht nicht gerne sehen würde, überlegte ich es mir im letzten Augenblick anders und fragte ihn nur, was er von all dem halte.

»Erstklassig!« sagte der Hausmeister vorsichtig. Nach einem Augenblick fügte er hinzu: »Wer wird dies nachher alles aufräumen?«

Jetzt kam ein Fuhrwerk mit Gemüse, das in die Stadtmitte

zum Markt wollte. Ich sah, wie der Kommandant kurz mit dem Bauern sprach. Dieser blieb sofort stehen, und gleich darauf verstärkten die Körbe mit Kartoffeln, Kohl, Rüben und Kohlrabi unsere Barrikade. Sie wurde dadurch um gut eine halbe Elle höher.

Kaum waren wir mit der Einordnung des Gemüses fertig, da bog ein Umzug um die Ecke, eine Kinderschule, an deren Spitze die Erzieherin ging. Jedes Kind trug eine Puppe, einen Teddybären oder eine hölzerne Ente. Sie stellten sich in Zweierreihen auf und zählten ab. Dann salutierte die Erzieherin und meldete dem Kommandanten, die Kinderschule wolle am gemeinsamen Kampf teilnehmen und unsere Barrikade durch die mitgebrachten Spielsachen stärken. Der Kommandant nahm die Meldung entgegen, schritt die Front der Kinderschüler ab und fragte sie, ob sie die Nahkampfregeln schon durchgenommen hätten. Dann marschierte die Abteilung ab, wobei die Kleinen kräftig mit den Füßen aufstampften. Mit den Puppen und Teddybären wurde unser rechter Flügel ausgebaut.

»Sie sollen es bloß probieren!« rief mir ein alter Krieger im Gedanken an den Feind zu und blies drohend seinen Schnurrbart auf. »Steht auf, helft mit, den Schrank verschieben!«

Der Schrank war über Erwarten schwer. Als wir fertig waren, drehte sich der Alte eine Zigarette und bot auch mir eine an. Wir mußten sie aber sofort wieder ausmachen, weil gerade jetzt die Pergamente aus dem Archiv und dem historischen Museum und kurz darauf die Bücher aus der Akademie der Wissenschaften gebracht wurden. Der damit ausgebaute linke Flügel schien jetzt uneinnehmbar zu sein. Der Feind konnte in jedem Augenblick kommen.

Es war noch nicht neun Uhr, und schon reichte unsere Barrikade bis zum ersten Stock. Alle Augenblicke kamen neue Transporte mit Baumaterial. Mit Matratzen aus dem benachbarten Krankenhaus bauten wir auf der Feindseite eine großartige Brustwehr. Ich lag jetzt beinahe bequem und hatte eine immer weitere Aussicht. Der Kommandant schien sehr zufrieden zu sein. Auf einem seiner Rundgänge blieb er bei mir stehen.

»In Ordnung!« sagte er, als er meine Position geprüft hatte. »Diese Barbaren sind imstande, auf Euch zu schießen.«

»Kanaillen!« antwortete ich voll Überzeugung.

»Die Halunken!« fügte der Kommandant hinzu, und ich fühlte, wie mich die Wärme der Waffenbrüderschaft einhüllte. »Denen ist alles zuzutrauen.«

Er kehrte zu seinen Pflichten zurück. Ich aber war so stolz, daß ich den Gedanken an das Kissen endgültig als unwürdig verwarf. Die Matratzen aus dem Krankenhaus waren übrigens auch nicht schlecht.

Das Aussehen der Barrikade wurde immer vielförmiger. Der Verband der Invaliden hatte seine Prothesen geschickt. Da sie im Mittelpunkt zwischen Säcken mit Grieß aufgebaut wurden, sahen sie sehr imponierend aus. Ich legte mich auf den Rücken und blickte in den Himmel. Seit einiger Zeit schon hatte ich niemand mehr, mit dem ich reden konnte, denn der Alte war mit einem Teil der Mannschaft weggegangen, um Bettzeug zu requirieren. Kurz darauf wurde unser stattlicher Berg, auf den wir immer stolzer waren, auch noch durch einen Wall von Federbetten und Steppdecken erhöht. Mein Sektor erhielt leider Nähmaschinen zugeteilt, die mich, wie ich zugeben muß, unbarmherzig drückten. Ich sagte mir jedoch, daß es sich hierbei um eine strategische Notwendigkeit handle. Nehmen wir an, so dachte ich, der Feind stürmt gerade gegen meinen Abschnitt vor und erwartet, daß er dort auf Bettzeug stößt. Aber zu seiner Überraschung wird ihm hier der Weg von Nähmaschinen versperrt. Welche Verwirrung erwartet da seine Generale und schließlich welche Niederlage!

Den letzten Meldungen zufolge sollte der Feind gegen Mittag kommen. Ich langweilte mich nicht, denn von meinem Posten aus – wie erwähnt, lag ich ganz oben – konnte ich in die Wohnungen des dritten Stocks sehen. Der zunehmenden Hitze wegen standen die Fenster offen. In jedem Raum fehlte bereits etwas. In Nummer 16, in dem Zimmer gleich neben der Dachrinne, spielten zwei Einarmige Schach und lagen dabei auf dem Boden. Die ganze Einrichtung war schon lange auf unsere Barrikade getragen worden. Einer der Spieler, sicher ein geheimer Anhänger des Feindes, steckte mir die Zunge heraus. Ich meldete dies dem alten Krieger, der sofort eine Patrouille dorthin schickte. Das Schachspiel wurde auf die Barrikade geworfen, und mit Genugtuung sah ich, wie die Einarmigen jetzt nicht wußten, was sie anfangen sollten. Sie versuchten, Fliegen zu fangen, oder spielten ungeschickt Verstecken.

Wie weit mein Blick schon reichte! Vor mir lag die Straße, die auf einer kleinen, mit Bänken bestandenen Anlage endete, von wo der Feind kommen sollte. Rechts und links von mir waren die Dachrinnen, aus denen ich, welch ein erhebendes Gefühl der Freiheit, Stücke von Dachziegeln, Schlamm, ja sogar einen toten Sperling herausholen konnte. Weiter lagen Dächer und Kamine, die blechernen Mißgeburten von Ventilatoren, die sich im Winde drehten, Antennen und noch ferner die Hauben der Kirchtürme. Wenn ich hinter mich blickte, sah ich unterhalb des riesigen steilen Abhangs, des Geröllfeldes von Gegenständen, das Gewühl eines Ameisenhaufens, nicht endenwollende Reihen von Bürgern, die alles, worüber die Stadt verfügte, der Barrikade entgegentrugen, fuhren, schoben oder zogen, Möbel und Blumen, Sand und Lampen, die Teile eines Karussells, Eisen, Pappe, Lack, Einmachgläser, Bänder, Photographien, Wäsche und Grammophonplatten. Das Herz konnte einem aufgehen bei diesem Anblick, und fast mußte man wünschen, der Feind möge endlich kommen, um an unserer mächtigen Barrikade zuschanden zu werden. Manchmal plagte mich der Gedanke, der Feind werde sich gar nicht zeigen, aber ich hütete mich, davon zu sprechen, um nicht wegen Defaitismus bestraft zu werden. Vielleicht kam ich auf solche Gedanken unter dem Einfluß des Hungers, der sich erst zag, dann aber immer ungestümer meldete. Manchmal versuchte ich mir auch vorzustellen, wo sich jetzt mein Milchhäfchen befinden könnte. Mich tröstete der Gedanke, der Plan der Führung habe ihm genau den Ort zugewiesen, wo es bis zum Ende am wirksamsten seine Dienste leisten könne.

Die Nachmittagssonne, der unaufhörliche, wenn auch entfernte Lärm aus der Tiefe der Straße, all dies ermüdete mich auf meinem vorgeschobenen Posten und bewirkte, daß ich gelegentlich in einen Halbschlaf versank. Mir schien, als sei die Schlacht schon beendet und als stehe mein Milchhäfchen in Reih und Glied und werde für seine tapfere Mitwirkung durch einen Orden ausgezeichnet, der nunmehr leuchtend an seiner blauen Emaillebrust hing. Dann wieder sah ich es auf dem Gasherd stehen, und die schneeweiße Milch in seinem Innern erwärmte sich langsam und duftete. Schmerzhafte Schläge an Ohr und Nase weckten mich. Überzeugt, der Feind sei schon eingetroffen, sprang ich auf. Aber es waren nur die Einarmigen, die durch ein Glasröhrchen Erbsen auf mich bliesen. Der alte Krieger war nicht zu sehen, aber im Grunde freute es mich, daß sogar die aus Bosheit und Rachedurst auf mich abgeschossenen Erbsen zur Stärkung unserer Barrikade beitrugen.

Ich wünschte sehr, der Feind käme noch vor 17 Uhr oder zumindest 17 Uhr 30. Inzwischen stellte es sich heraus, warum der Schrank so schwer war. Ein alter Mann hatte sich in ihm versteckt, weil er sich nicht am Bau der Barrikade beteiligen wollte. Er erklärte, daß er bereits an drei Kriegen teilgenommen habe und daß ihm die Füße weh täten. Auch mir war nicht recht wohl, weil ich den ganzen Tag in der prallen Sonne gelegen hatte.

Dann hörte ich, wie sich hinter mir der Mann mit der langen Flinte aufregte.

»Da komme ich nicht mehr mit!« rief er. »Ihr habt mir versprochen, daß ich für die Sache sterben werde. Es ist allmählich höchste Zeit, schaut nur auf die Uhr. Ihr müßt selbst zugeben, daß dies eine Unpünktlichkeit sondergleichen ist.«

»Seid doch nicht so ungeduldig«, tröstete ihn der Alte. »Ihr wollt alles auf einmal haben. Schaut mich an! Ich bin ein alter Krieger, und immer noch ist es mir nicht gelungen. Und außerdem ist dies nicht meine Schuld, sondern die des Feindes.«

»Das geht mich gar nichts an«, maulte der mit der Flinte wie ein kleines Kind.

Da trat der Kommandant auf sie zu und fragte streng: »Was ist hier los? Wollt Ihr mir nicht glauben? Ich gebe Euch mein Wort, daß der Feind noch kommt, und wenn ich die Barrikade selbst stürmen müßte. Zu den Waffen!«

»In Ordnung, wenn es sich so verhält«, murmelte der Unzufriedene.

Dann kam der Alte zu mir: »Ich habe Kopfweh«, sagte er mißmutig. »Wißt Ihr nicht, wo die Tabletten gegen Kopfschmerzen sind?«

»Die Tabletten müssen irgendwo bei den Nähmaschinen sein«, erinnerte ich mich. »Ungefähr im zweiten Stockwerk unter den Betonmischmaschinen.«

Der Verkehr hinter der Barrikade hatte fast aufgehört. Nur noch selten wurden Gegenstände abgeliefert, die man anfangs verschmäht hatte, Radierungen, Mumien, Färbemittel und dergleichen. Ich hatte Durst.

Schon näherte sich die Dämmerung. Die Stadt würde ohne Licht bleiben. Die Glühbirnen befanden sich, soviel ich wußte, irgendwo im Zentrum der Barrikade.

Es war schon völlig dunkel, als ich auf Händen und Füßen, an allen vorspringenden Gegenständen Halt suchend, vorsichtig hinunterkletterte. Plötzlich sah ich mich dem Alten gegenüber, der irgendetwas herauszupulen versuchte, was zwischen den Betonmaschinen und den Nähmaschinen steckte. Wir sagten kein Wort zueinander. Weiter unten sah ich den Kommandanten, der Hüte aufprobierte.

Ich mußte lange suchen. Ich watete, sprang und robbte herum. Manchmal kroch ich tief in die Barrikade hinein; wo die einzelnen Schichten nicht allzu eng aufeinandersaßen, versuchte ich mich durchzuschlängeln. Dann wieder sprang ich auf der Außenseite von Vorsprung zu Vorsprung und versuchte, Porzellan von Bakelit, Leinen von Wolle, Weiden- von Schilfgeflecht, Kupfer von Eisen durch Geschmack, Gefühl und Geruch voneinander zu unterscheiden. Ich kam an Tausenden von Oberflächen und Gerüchen, Rauheiten und Formen vorbei, bis endlich im Lichte des aufgehenden Mondes die wohlbekannte blaue Emaille glänzte.

Ich riß daran mit aller Kraft. Zuerst hörte ich irgendwo im Innern ein Gepolter und dann ein zischendes Geräusch, etwa wie von Sand, wenn er in großen Mengen von einer Düne hinunterrollt.

Mit meinem Milchhäfchen floh ich so schnell ich konnte in eine Seitengasse. Hinter mir brach die Barrikade zusammen.

Sławomir Mrożek

Die polnische Literatur hat nach dem Kriege eine Reihe bedeutender Autoren aufzuweisen. Am Theater hat Sławomir Mrożek einen langsamen und stetigen Aufstieg erlebt. Nach dem Erfolg seines Stückes TANGO in Polen ist er zum Repräsentanten des polnischen Theaters für dieses Jahrhundert geworden. In Deutschland erschienen zuerst seine Satiren. Sie wurden stark beachtet und öffneten ihm das Tor zur Welt. Heute zählt Mrożek zur Spitzengruppe der europäischen Dichter. Sein Erfolg beschränkt sich nicht nur auf Europa. Amerika druckt seine Bücher und spielt die Stücke. In Japan beginnen die Regisseure sich für ihn zu interessieren. Entgegen der vom westlichen Avantgardetheater proklamierten allgemeinen und endgültigen Sinnlosigkeit, setzt Mrożek eine gewisse Zuversicht auf die Sache des Menschen und macht das Erhoffen einer möglichen Besserung zum Anlaß und Gegenstand des dramatischen Trachtens.

Der Elefant
184 Seiten Leinen DM 12.–

Hochzeit in Atomweiler
184 Seiten Leinen DM 12.–

Stücke I.
284 Seiten Ppb. DM 11.80

Stücke II.
260 Seiten Ppb. DM 11.80

Sein Werk wird allein von Ludwig Zimmerer übersetzt. Die Illustrationen besorgt Daniel Mróz.

Henssel Verlag Berlin 39

dtv

Humor – freiwillig und unfreiwillig

Hartmann Goertz (Hrsg.):
Wie tut mir mein Herze bluten
Lieder aus der Küche
(312)

Fritz Graßhoff:
Die große Halunkenpostille
(150)

Werner Koch:
Erfindergeist auf Abwegen
(380)

Georg Kreisler:
Zwei alte Tanten tanzen Tango
(244)

Robert E. Lembke/
Ingrid Andrae-Howe:
Aus dem Papierkorb
der Weltpresse
(297)

Maria Maser-Friedrich (Hrsg.):
Laß nur die Sorge sein
(··260)

Helmut Minkowski (Hrsg.):
Das größte Insekt ist der Elefant
(348)

Christian Morgenstern:
Galgenlieder
Der Gingganz
(124)

Gerhart H. Mostar (Hrsg.):
Friederike Kempner,
der schlesische Schwan
(292)

Eugen Roth:
Ernst und heiter
(10)

Ludwig Thoma:
Josef Filsers Briefwexel
(20)

Elsbeth Janda
Fritz Nötzoldt (Hrsg.):
Warum weinst du holde
Gärtnersfrau
(275)

Großband··

Deutscher
Taschenbuch
Verlag

Hierzulande

Carl Amery (Hrsg.):
Die Provinz
Kritik einer Lebensform
(359)

Heinrich Böll:
Hierzulande
Aufsätze zur Zeit
(sr 11)

Ernst Deuerlein (Hrsg.):
DDR
Geschichte und
Bestandsaufnahme
(••347 dok.)

Bernt Engelmann:
Meine Freunde –
die Millionäre
(375)

Günter Gaus:
Zur Person
Porträts in Frage
und Antwort
(324)

Anne Rose Katz (Hrsg.):
Vierzehn Mutmaßungen
über das Fernsehen
Beiträge zu einem
aktuellen Thema
(190)

Richard Kaufmann:
Gebrannte Kinder
Die Jugend in der
Nachkriegszeit
(••338)

Georg Picht:
Die deutsche
Bildungskatastrophe
(349)

Theo Stammen (Hrsg.):
Einigkeit und Recht
und Freiheit
Westdeutsche Innen-
politik 1945–1955
(••286 dok.)

Thilo Vogelsang:
Das geteilte
Deutschland
dtv-Weltgeschichte
des 20. Jahrhunderts
(WG ••4011)

Großband••

Deutscher
Taschenbuch
Verlag